# グローバルに問われる日本の大学教育成果

加藤真紀・喜始照宣 著

東信堂

## はじめに

　私たち（一橋大学森有礼高等教育国際流動化機構のスタッフ　注：当時）は、大学卒業生が大学教育を通じてどのような能力を身に付けたのかを調べるために「グローバルに問われる能力：社会が求める大学教育をめざして」と題する調査を3年間（およそ2015年〜2017年、同タイトルは第2回から使用）実施しました。この本は、その調査結果を広く知ってもらうためのものです。

　学歴や学校歴が高いほど、仕事のための移動が多く、その距離が長いと言われます。世界を舞台に活躍する（可能性を持つ）人と地元に留まる人の違いには学歴が大きく関係します。大学を卒業する、特に威信の高い大学を卒業することは、国境を越えた活躍ができる素地があると見なされます。では日本の有力大学を卒業すれば、世界で活躍できるようになるのでしょうか。私の答えはしごく当たり前なものです。日本の大学で「世界で活躍できる力を身に付ければ」、世界で活躍できる、のです。

《グローバルに問われる能力とは、使える「専門的知識や技術」のこと》
　調査のタイトルともなった「グローバルに問われる能力」とは何でしょうか。ジョークも交えたネイティブ並みの英語を話し国際的なビジネス感覚を持つことでしょうか。世界中を飛び回るカッコいいビジネスエリートの姿が浮かびます。このような語学力や国際感覚は大切ですし、昨今注目が集まっています。しかし国際的に通用する能力を考える上で、専門的知識や技術の大切さが抜け落ちているとの印象を私たちは持っています。私たちは、グローバルに問われるのは「中身（専門的知識や技術）」であり、中身が「使える」ことだと考えます。これは私の実感にとても良く合います。

　私は海外で5年間働いていました。海外と言っても欧米ではなく、いわゆる開

発途上国です。そこには、先進国から専門家が集まってきていました。明治時代の日本が外国人専門家を招いて欧米の進んだ知識や技術を学ぼうとしたのと似ています。日本人も含めたお雇い外国人専門家と一緒に働いて、私がつくづく感じたのは「中身（専門的知識や技術）」の大切さです。一緒に仕事をする上で1番ありがたいのは、中身と国際感覚の両方を備えた人です（もちろん大前提は「人」（どんな人間であるか）ですが）。彼らは期待された職務を自律的にこなすことができます。次に重宝されるのは、英語は話せないけれど中身のある人です。多少の費用はかかりますが、通訳を付ければよいのですから。話の中身があれば人は耳を傾けるものです。最後は、重宝どころかとても困るケース、そう、英語コミュニケーションやプレゼンテーションだけ上手な自称専門家です。中身の無さを取り繕うとするほど周囲は迷惑を被ります。こんな例は日本でも散見されますね。改めて、「グローバルに問われる能力」とは、専門的知識や技術を使うための資質・能力だと私たちは考えます。私たちはこれをコンピテンス（専門コンピテンス）と捉えています。コンピテンスとは何かについては、第1章で説明します。

《使える「中身」のこと》
「専門的知識や技術を使うための資質・能力」を大学で身に付けたかどうかを問うことは、よほど注意しないと、何が新しいのか、何がありがたいのか、気づきません。大学では専門的知識や技術を学ぶのが当たり前で、今さら何を言っているのだろうと思われるかもしれません。しかし、これまでとは2つの点で大きく異なります。1つは「使うための資質・能力」という部分です。大学で身に付いたことを、テストの点数などで測れる力ではなく、大学卒業後に社会や仕事で「使う」ための能力を問うところです。もう1つ違うのは、分野による違いに対応した点です。社会で使える専門的知識や技術は、当たり前ですが、分野によって違います。しかしこれまで、大学で身に付けた能力について分野の違いに注目した調査は日本ではほとんどありませんでした。就職において、特にコミュニケーション能力（いわゆるコミュ力）の大切さが繰り返されています。コミュニケーション能力とは何かを定義しなくてはならないのですが、交渉相手との意思疎通と（とてもざっくりと）捉えると、どんな分野でも必要に思われます。しかし、コミュニケーション能力だけ高い人たちが集まって何ができるのだろうかと私は違和感を覚えます。高

いコミュニケーション能力によって何かを成し遂げてこそ、専門的知識や技術が使えてこそ、仕事につながるのではないでしょうか。

　ここで改めて思い起こしたのは次のような例です。私が数年前にアメリカで開かれた学会に参加した時、たまたま日本のトップクラスの大学の博士課程で学ぶ学生2人の発表を聞く機会がありました。自分の発表を棚に上げれば、2つの発表共に参加者の関心を得られない残念なものでした。1人はとても流暢な英語を話す社会人学生です。しかし彼女自身も自覚していた通り、発表に値する中身がありません。もう1人は緻密な分析に基づく中身の濃い発表をした学生です。ただし、発表の冒頭で彼自身がExcuseした通り、発表を聴き続けるのが難しいほど英語がつたなかったのです。どちらも参加者の興味関心を得られない点では一緒です。しかしグローバルに通用する（可能性を持つ）のは、やはり中身のある発表だと私は考えます。もちろん、繰り返しになりますが、中身と国際コミュニケーション力の両方がそろった上での活躍が望ましいのは言うまでもありません。

《だれが「グローバルな能力」を問うのだろう》

　私たちは日本企業に着目し、日本企業がどのように日本の大学卒業生の資質・能力を捉えているのか、それは大学関係者とどのように異なるのかについて調べました。グローバルな能力を問うのは日本企業だと考えたわけです。対象は日本企業ですが、日本企業の市場はおおむねグローバルと言えるでしょう。社員は国内勤務でも同僚や上司が外国人のこともあるでしょうし、スカイプで海外企業と打合せすることも普通にありそうです。

　ここでまた反論が出るかもしれません。外国はいざ知らず、日本企業は大学での教育成果に期待していないのではないかと。大学で学んだ中身、特に学部レベルで学んだ専門的知識や技術の活用に価値など認めるのかと。実際、ある大学教員は我々の調査の内容を聞いた後で、「大学で身に付く能力について日本企業に聞いても意味がない。なぜなら企業は大学に何も期待していないからだ。特に文系を専攻した学生には」と言いました。大学教員でさえもこのように考えているのかと驚かれる方もいれば、こんな人は結構いるのかもと納得される方もいらっしゃるかもしれません。

　実際のところ、企業は大学での学びに全く期待していなのでしょうか。もちろん

分野によっても専門知識を役立てられる度合いは違うでしょう。工学や法学そして教育学などの領域では、大学で学んだことが仕事で直接役に立つこともありそうです。しかし例えば日本史を専攻する場合に、中世の自由と平等などをテーマに知見を深めたとしても、そこで得られた知識は企業活動には直接的に役立ちそうにもありません。日々の営業や人事管理などに役立てろと言う方が無理です。だからと言って、企業は大学教育に期待していないと言えるのでしょうか。

　企業が期待するのは、専門的知識や技術を使えることではなく、より一般的な資質・能力だと考えることもできます（私たちはこのような資質・能力を汎用コンピテンスと考えています）。例えば、根拠に基づく論証、突き詰めた論理的・批判的能力、もしくは考え抜く力、俯瞰する能力は、様々な意思決定や経済活動の岐路で役立つと考えられます。企業は中世の自由や平等そのものではなく、このような捉え難いテーマに対する対応力を有用と認識しているのかもしれません。「専門的知識や技術」を使えることにこだわるのであれば、異なる分野の人たちが集まることで、多様な見方や新しいアイデアが生まれる可能性も指摘できます。また、下積みの間は気が付かないけれど、企業経営者などのマネジメント層に近づいた時に長期的な視野や普遍的な価値への考察など大学で学んだ内容や学び方が活きてくるのかもしれません。その細かな内容は忘れ、本人が大学で学んだ内容と意識しないとしても。

《専門的知識や技術が大学で身に付いたかどうか判断するのは教員だけではありません》

　学生が大学教育で何をどの程度学んだかは、通常はテストで測られます。授業の出席やレポートも考慮されるかもしれません。これを評価するのは授業を担当する教員です。でも、大学で身に付く資質・能力の評価は教員の判断だけでは十分ではありません。なぜなら、それが社会で求められているのか分からないからです。私たちは、大学教育の成果を活用する側としての企業と、そして当事者である学生及び卒業生がどのように考えているのかを聞くことが大切だと考えました。これは、日本学術会議によって大学教員を中心とした専門家により作られた分野別参照基準とは大きく異なります（分野別参照基準は、大学で特定分野の学問を学んだ学生が身に付けるべき水準の知識や技術を意味します。詳しくは第1章で説明します）。

本書の元となった調査は、日本の大学卒業生が専門的な知識・技術をどの程度身に付けたと考えるのかを尋ねています。身に付けたことを実際に測っているわけではありません。この理由の1つは、大学卒業生が身に付けたことを企業や教員に尋ねたためです。もう1つの理由は、自己認識が有用だと考えたためです。もちろん専門家ほど評価が厳しいことも考えられますし、どのように評価するのかは個人の性格にもよるでしょう。このような影響は否定できません。しかし有能感や自己肯定感（実績に裏付けされていればですが）は、行動や考え方に影響を及ぼします。よって、自己認識を測ることも意義があると考えました。本当に身に付けた資質・能力を測ることは重要ですが、本書は、大学関係者の認識を分析した結果を紹介いたします。

《大学で「何を」学ぶのか》
　この本では、大学で何を学ぶのか、という議論をしています。アクティブラーニングなどのように、どのように学ぶのかという点も、学習する上では大変重要です。しかし本書では全く触れていません。専門書に譲りたいと思います。この本で具体的にご紹介するのは、大学で身に付けるべき2種類の資質・能力に関する調査結果です。特に専門コンピテンス（「中身（専門的知識や技術）」が使えること）の分析に注力しています。この本1冊で、日本の大学で身に付けるべき資質・能力に関する全ての問いが解決するわけではありません。その本当に一部です。でも、この本を手に取ってくれた学生やこれから大学で学ぼうと考える高校生のみなさんが、日本の大学で学んで何が身に付くのか、何を身に付けるべきか考えるための、何がしかのヒントを得て頂ければ大変嬉しく思います。そして、企業はどうせ大学教育の成果に期待しないと考えるのではなく、企業にも期待されるような教育を（必ずしも企業の期待に沿うという意味ではありませんが）、大学関係者のみなさまが考える一助となることがあればと思います。

　本書は、次のような構成になっています。まず第1章で、コンピテンスとは何かについて、コンピテンスが注目される理由も含めて説明します。第2章では調査について説明します。調査は3回にわたり、おもに11の専門分野から、のべ約7,000名にも及ぶ大学関係者が参加しています。どのように質問が開発され調査

が行われたのか、詳しくご紹介します。第3章は、日本の大学で習得された、もしくは重要だと考えられているコンピテンスを分野別に説明します。第4章は4種類（学生・教員・卒業生・企業人）の大学関係者が、それぞれどのようにコンピテンスを捉えているのか、その違いを分析した結果を述べます。特に企業人のコンピテンス認識が、他の大学関係者たちとどのように異なっているのかに着目して、専門分野ごとの傾向を見ます。第5章は、コンピテンスの捉え方が大学間で異なるのか分野別に見ます。今回の調査で対象とした研究型大学の間でも異なるのか否か、異なるとしたらどのようなコンピテンスによって異なるのかを中心に見ます。第6章では、対象とする分野を、回答者数が多かった経済学とビジネスの2分野に絞り、より詳細な検討を行います。教育への評価に関わる項目として「専門理解度」と「教育満足度」、仕事に関わる項目として「就職（希望）先関連度」という3つの変数を取り上げ、それらとコンピテンス認識の関係把握を中心とした分析を行います。第7章では汎用コンピテンスについての分析結果を説明します。4つの属性（対象者、分野、大学、性別）に着目し、それぞれで汎用コンピテンスの習得度と重要度の考え方に違いがあるのかを見ます。そして最後8章で全体をまとめます。

　調査データの分析結果を扱うため、多くの図や表が使われています。統計用語もいくつか出てきます。これらについてはできるだけ解説をし、普段馴染みのない方にも読めるよう、文章だけでも意味がとれるよう気を付けたつもりです。なので、図表が分かりにくかったら、とばして読んで頂いても構いません。

　この本の執筆者は2人です。加藤は企画と1、3、5、7、8章、コラム等の執筆を担当しました。喜始は3年分のデータ整備と2章、4章、6章の執筆を担当しました。なお柳樂明伸君は図表（ごく一部を除く）の作成を担当しました。

　この本を執筆するにあたり、本当に多くの方々にお世話になりました。
　本書の土台となった調査の実施に関しては、教育改革推進懇話会に設置されたチューニングワーキングの関係者の皆様、特に個別分野の質問紙開発に貴重な時間を割いて頂いた先生方、第1回調査を企画頂いた松塚ゆかり先生を始めたとした諸先生方、調査の実施を支えて頂いた一橋大学森有礼高等教育国際流

動化機構の職員だった池田理美子さま、小田知佐さま、窪田孝宏さまには本当にお世話になりました。また3回にわたる調査のデータ加工を担当頂いた皆様にも御礼申し上げます。そして、貴重な時間を割いて調査実施にご協力いただいた皆様、各大学の関連教員や職員の皆様、特にご回答頂いた皆様に心より感謝いたします。

調査実施と共に本の執筆に関して特に感謝申し上げたいのは、機構長である沼上幹先生、副機構長である三隅隆司先生です。編集を手伝っていただいた富重聡子さんにも大変お世話になりました。

最後になりますが、東信堂の下田勝司社長には、この本の内容は日本の高等教育に対する重大な問題提起であると早くから認めていただき、そして出版をお引き受けいただきました。ここに改めて深い謝意を表したいと思います。

目次／グローバルに問われる日本の大学教育成果

はじめに ……………………………………………………………………………… i

## 第 1 章　コンピテンスとは　　　　　　　　　　　　　　　　　　　3

1　汎用コンピテンス ……………………………………………………………… 3
2　専門コンピテンス ……………………………………………………………… 12
3　汎用コンピテンスと専門コンピテンスの関係 ……………………………… 13
4　コンピテンスをどのように測るのか ………………………………………… 15
5　まとめ …………………………………………………………………………… 22

　コラム 1　汎用コンピテンスは本当に「汎用」なの？ ……………………… 24
　コラム 2　企業人事で求められるコンピテンス ……………………………… 24

## 第 2 章　コンピテンス調査の概要　　　　　　　　　　　　　　　27

1　調査の目的と特徴 ……………………………………………………………… 27
2　各調査の内容 …………………………………………………………………… 28
3　コンピテンスに関する質問項目 ……………………………………………… 34

## 第 3 章　日本の大学で習得された、もしくは重要だと
　　　　　考えられている専門コンピテンス　　　　　　　　　37

1　全体の分析 ……………………………………………………………………… 38

| 2 | 分野別の分析 | 39 |

　　経済学 39
　　ビジネス 40
　　歴史学 44
　　地球科学 46
　　機械工学 48
　　物理学 50
　　化学 50
　　土木工学 50

3 まとめ 54

**コラム3　専門コンピテンスと大学の国際化** 54

## 第4章　対象者間の違い：企業人の認識は大学関係者とどのように違うのか　56

1 どの分野で対象者間の認識が近いのか、遠いのか 56
2 それぞれの対象者が求めるコンピテンスは何か 60
　　経済学 61
　　ビジネス 65
　　歴史学 68
　　地球科学（企業人除く） 71
　　機械工学（卒業生除く） 75
　　物理学（重要度のみ） 79
　　化学（重要度のみ） 80
　　土木工学（重要度のみ） 82
3 まとめ 84

**コラム4　将来の職業や収入を決めるもの** 85

## 第 5 章　大学間の違いはどのようなコンピテンスで見られるのか　88

1　分野別分析 ............................................................................................... 91
　　経済学 ...................................................................................................91
　　ビジネス ............................................................................................. 100
　　地球科学 ............................................................................................. 108
　　物理学 ................................................................................................ 109
　　化　学 ................................................................................................ 113
　　土木工学 ............................................................................................. 114
2　まとめ ................................................................................................... 117

**コラム 5　日本の大学と海外の大学で身に付く能力に違いはあるのか** .............118


## 第 6 章　経済学とビジネスの詳細分析　121

1　学生・卒業生の教育への評価、専門分野と仕事との関連度は
　どの程度高いのか ................................................................................... 121
2　コンピテンス認識は、教育への評価、専門分野と仕事との関連度に
　影響するのか .......................................................................................... 125
　　経済学 ................................................................................................ 126
　　ビジネス ............................................................................................. 133
3　まとめ ................................................................................................... 139

**コラム 6　専門コンピテンスとカリキュラムとの関係** ................................141

## 第7章　汎用コンピテンスについてわかったこと　142

1　汎用コンピテンス認識の概観 ................................................ 142
2　属性別の分析 ................................................................ 143
3　まとめ ...................................................................... 159

**コラム7　学生の汎用コンピテンス習得に与える教員の影響** ............ 160
**コラム8　専門コンピテンスと汎用コンピテンスの関係** ................ 161

## 第8章　結論：調査から分かったこと　164

1　重要度が高いと考えられるコンピテンスほど習得度も高いと考えられています
　　（3章）.................................................................... 164
2　学生と教員は見方が近く、彼らと企業人の見方は比較的異なりました
　　（4章）.................................................................... 165
3　学生・卒業生による専門コンピテンスの重要度と習得度の考え方において、
　　大学間の差は大きくありません。社会科学分野（経済学とビジネス）では
　　英語読解コンピテンスにおいて大学間の差が示されました（5章）............ 166
4　特定のコンピテンスの習得は、分野の理解・関心の深まりや教育への
　　満足度と関係します（6章）................................................ 167
5　汎用コンピテンスの重要度の捉え方は分野によって異なりますが、
　　習得度では差が見られませんでした（7章）.................................. 168

**コラム9　どのようなコンピテンスを大学で身に付けるべきなのか** .......... 170

参考文献 ...................................................................... 173
参考資料　質問紙 .............................................................. 178
おわりに ...................................................................... 189

# 図表目次

| | | |
|---|---|---|
| 図 3-1 | 経済学コンピテンス認識の平均 | 41 |
| 図 3-2 | ビジネスコンピテンス認識の平均 | 43 |
| 図 3-3 | 歴史学コンピテンス認識の平均 | 45 |
| 図 3-4 | 地球科学コンピテンス認識の平均 | 47 |
| 図 3-5 | 機械工学コンピテンス認識の平均 | 49 |
| 図 3-6 | 物理学コンピテンス認識の平均 | 51 |
| 図 3-7 | 化学コンピテンス認識の平均 | 52 |
| 図 3-8 | 土木工学コンピテンス認識の平均 | 53 |
| 図 4-1 | 対象グループ間の相関係数の分野比較（文系、重要度） | 58 |
| 図 4-2 | 対象グループ間の相関係数の分野比較（理系、重要度） | 58 |
| 図 4-3 | 対象者間の相関係数の分野比較（文系、習得度） | 59 |
| 図 4-4 | 対象者間の相関係数の分野比較（理系、習得度） | 60 |
| 図 4-5 | コンピテンス項目別に見た重要度の平均値（経済学、対象者別） | 63 |
| 図 4-6 | コンピテンス項目別に見た習得度の平均値（経済学、対象者別） | 64 |
| 図 4-7 | コンピテンス項目別に見た重要度の平均値（ビジネス、対象者別） | 66 |
| 図 4-8 | コンピテンス項目別に見た習得度の平均値（ビジネス、対象者別） | 66 |
| 図 4-9 | コンピテンス項目別に見た重要度の平均値（歴史学、対象者別） | 70 |
| 図 4-10 | コンピテンス項目別に見た習得度の平均値（歴史学、対象者別） | 70 |
| 図 4-11 | コンピテンス項目別に見た重要度の平均値（地球科学、対象者別） | 73 |
| 図 4-12 | コンピテンス項目別に見た習得度の平均値（地球科学、対象者別） | 73 |
| 図 4-13 | コンピテンス項目別に見た重要度の平均値（機械工学、対象者別） | 77 |
| 図 4-14 | コンピテンス項目別に見た習得度の平均値（機械工学、対象者別） | 77 |
| 図 4-15 | コンピテンス項目別に見た重要度の平均値（物理学、対象者別） | 79 |
| 図 4-16 | コンピテンス項目別に見た重要度の平均値（化学、対象者別） | 81 |
| 図 4-17 | コンピテンス項目別に見た重要度の平均値（土木工学、対象者別） | 83 |

| | | |
|---|---|---|
| コラム4-図1 | 「今の社会で、個人の将来の職業や収入を決めるのに何が重要だと思いますか」 | 85 |
| コラム4-図2 | 「これからの社会について、次の意見をどう思われますか」 | 87 |
| 図5-1 | 多重比較結果から有意差を数える方法（例：教員重要度を使用した大学間の違い） | 90 |
| 図5-2 | 経済学コンピテンス認識の大学分布 | 91 |
| 図5-3 | 大学ペアの有意差を示すコンピテンス数（経済学） | 96 |
| 図5-4 | コンピテンス別の大学ペアの有意差数（経済学・重要度） | 98 |
| 図5-5 | コンピテンス別の大学ペアの有意差数（経済学・習得度） | 99 |
| 図5-6 | ビジネスコンピテンス認識の大学分布 | 100 |
| 図5-7 | 大学ペアの有意差を示すコンピテンス数（ビジネス） | 104 |
| 図5-8 | コンピテンス別の大学ペアの有意差数（ビジネス・重要度） | 106 |
| 図5-9 | コンピテンス別の大学ペアの有意差数（ビジネス・習得度） | 107 |
| 図5-10 | 大学ペアの有意差を示すコンピテンス数（物理学・重要度） | 111 |
| 図5-11 | コンピテンス別の大学ペアの有意差数（物理学・重要度） | 112 |
| 図5-12 | 大学ペアの有意差を示すコンピテンス数（土木工学・重要度） | 115 |
| 図5-13 | コンピテンス別の大学ペアの有意差数（土木工学・重要度） | 116 |
| コラム5-図1 | 日本の大学が選択肢にある場合の理由（複数回答可） | 120 |
| コラム5-図2 | アメリカの大学が選択肢にある場合の理由（複数回答可） | 120 |
| 図6-1 | 専門理解度の度数分布（分野・対象者別） | 123 |
| 図6-2 | 教育満足度の度数分布（分野・対象者別） | 124 |
| 図6-3 | 就職（希望）先関連度の度数分布（分野・対象者別） | 124 |
| 図6-4 | 回帰分析のイメージ | 126 |
| 図7-1 | 汎用コンピテンスの平均値 | 144 |
| 図7-2 | 汎用コンピテンス別の対象者ペアで示される有意差数 | 147 |
| 図7-3 | 分野別の汎用コンピテンス平均値散布図 | 149 |
| 図7-4 | 分野ペア間の有意差を示すコンピテンス数 | 150 |
| 図7-5 | 汎用コンピテンス別の分野間ペアで示される有意差数 | 152 |
| 図7-6 | 大学別の汎用コンピテンス平均値散布図 | 154 |

| 図 7-7 | 大学ペア間の有意差を示すコンピテンス数 | 154 |
| --- | --- | --- |
| 図 7-8 | 汎用コンピテンス別の大学ペアで示される有意差数 | 156 |
| コラム 8-図 1 | コンピテンス質問項目間の相関関係 | 163 |

| 表 1-1 | 汎用コンピテンスの例 | 6 |
| --- | --- | --- |
| 表 2-1 | 各調査の概要 | 29 |
| 表 2-2 | 専門分野・対象者別に見た有効回答者数 | 30 |
| 表 2-3 | 本書（専門コンピテンスの分析）で用いるデータ | 33 |
| 表 3-1 | 分野別の平均値と分散 | 39 |
| 表 4-1 | 対象者間の相関係数の分野比較：まとめ（重要度、降順） | 58 |
| 表 4-2 | 対象者間の相関係数の分野比較：まとめ（習得度、降順） | 60 |
| 表 4-3 | 重要度・習得度・差分の平均値上位 5 位（経済学、対象者別） | 64 |
| 表 4-4 | 重要度・習得度・差分の平均値：上位 5 位（ビジネス、対象者別） | 67 |
| 表 4-5 | 重要度・習得度・差分の平均値：上位 5 位（歴史学、対象者別） | 71 |
| 表 4-6 | 重要度・習得度・差分の平均値：上位 5 位（地球科学、対象者別） | 74 |
| 表 4-7 | 重要度・習得度・差分の平均値：上位 5 位（機械工学、対象者別） | 78 |
| 表 4-8 | 重要度の平均値：上位 5 位（物理学、対象者別） | 80 |
| 表 4-9 | 重要度の平均値：上位 5 位（化学、対象者別） | 82 |
| 表 4-10 | 重要度の平均値：上位 5 位（土木工学、対象者別） | 83 |
| 表 5-1 | 大学間比較で対象となる大学数 | 89 |
| 表 5-2 | 経済学コンピテンス認識の大学別記述統計 | 92 |
| 表 5-3 | 経済学コンピテンス認識の大学間相関【重要度】 | 94 |
| 表 5-4 | 経済学コンピテンス認識の大学間相関【習得度】 | 95 |
| 表 5-5 | ビジネスコンピテンス認識の大学別記述統計 | 101 |
| 表 5-6 | ビジネスコンピテンス認識の大学間相関【重要度】 | 101 |
| 表 5-7 | ビジネスコンピテンス認識の大学間相関【習得度】 | 102 |
| 表 5-8 | 地球科学コンピテンス認識の大学別記述統計 | 108 |
| 表 5-9 | 物理学コンピテンス認識の大学別記述統計 | 109 |
| 表 5-10 | 物理学コンピテンス認識の大学間相関【重要度】 | 110 |

| | | |
|---|---|---|
| 表 5-11 | 化学コンピテンス認識の大学別記述統計 | 113 |
| 表 5-12 | 土木工学コンピテンス認識の大学別記述統計 | 114 |
| 表 6-1 | 因子分析の結果（経済学） | 128 |
| 表 6-2 | 専門理解度の順序プロビット回帰分析（経済学） | 129 |
| 表 6-3 | 教育満足度の順序プロビット回帰分析（経済学） | 131 |
| 表 6-4 | 就職（希望）先関連度の順序プロビット回帰分析（経済学） | 132 |
| 表 6-5 | 因子分析の結果（ビジネス） | 134 |
| 表 6-6 | 専門理解度の順序プロビット回帰分析（ビジネス） | 136 |
| 表 6-7 | 教育満足度の順序プロビット回帰分析（ビジネス） | 137 |
| 表 6-8 | 就職（希望）先関連度の順序プロビット回帰分析（ビジネス） | 138 |
| 表 7-1 | 対象者別の汎用コンピテンス基本統計量 | 145 |
| 表 7-2 | 対象者ペア間で有意差のある汎用コンピテンス数 | 146 |
| 表 7-3 | 分野別の汎用コンピテンス基本統計量 | 149 |
| 表 7-4 | 大学別の基本統計量 | 153 |
| 表 7-5 | 性別基本統計量 | 157 |
| 表 7-6 | 男女間の汎用コンピテンス多重比較結果 | 158 |
| コラム 8-表 1 | 専門コンピテンスと汎用コンピテンスの平均値の相関 | 162 |

グローバルに問われる日本の大学教育成果

# 第 1 章　コンピテンスとは

　第 1 章では、コンピテンスとは何かについて説明します。「コンピテンス」は日本では耳慣れませんが、私たちは新しい考え方を表す重要な言葉だと考えています。高等教育分野におけるコンピテンスは、現在も研究が行われている領域であり、定義も含めて世界的に議論が続いています。ですので、本章では、現在分かっていることや、コンピテンスの解明に取り組んでいる研究者たちが問題だと考えていることを中心に説明します。なお近年は「コンピテンシー」という言葉を使うことも多いのですが、本書では私たちがこれまで使ってきた通り、総称的な意味合いを持つコンピテンスという言葉を用います[1]。

　本書では、2 種類のコンピテンス（専門コンピテンスと汎用コンピテンス）を扱います。汎用コンピテンスを扱う文献はたくさんありますが、専門コンピテンスを扱う文献は日本ではほとんどありません。よって、本書の一番の「売り」は「専門コンピテンス」の分析です。しかし近年は特に汎用コンピテンスに注目が集まっているため、この本を読まれている皆さんは、どちらかと言えば汎用コンピテンスになじみがあると思われます。そこでまずは汎用コンピテンスを説明し、次に専門コンピテンス、さらにこの 2 つの関係を述べ、最後にコンピテンスの計測について説明したいと思います。

## 1　汎用コンピテンス

**コンピテンスの概念は、全ての人が持っている学びの「資質・能力」を表します。**

　「コンピテンス」は、もともとは心理学者のロバート・ホワイトが 1959 年に発表

した概念だと言われています（西・加藤 2017）。ホワイトは、人間には環境（ひと・もの・こと）と効果的にかかわりたいという内発的な欲求があると考えました。これらは、例えば探索、活動、操作の行動に見ることができます。そして相互に関係するこのような欲求を「コンピテンス」という新たな概念として提唱しました。ホワイトは、赤ちゃんが身の周りの物を確かめては理解し、そして徐々に効果的なかかわり方を学ぶという、生まれながら備わっている自然な学習方法を例に説明しています。これは、対象に応じた適切なかかわりができること、個別の対象とのかかわりを通じて汎用的なかかわり方を学ぶ概念です。そこで奈須（2017）は「コンピテンスとはまさに『どのような問題解決を成し遂げるか』を問う概念として誕生した」と述べています。ホワイトによって提唱されたコンピテンス概念は徐々に発展し、後で述べるように現在では様々な分野で使われています。

**汎用コンピテンスは「市民や産業人として身に付けるべき資質・能力」を意味します。**

　高等教育で議論されている汎用コンピテンス（generic competencies）の考えは、国によって、いろいろな言葉で表されています。例えば、アメリカではソフトスキル（soft skills）、イギリスではコアスキル（core skills）や移転可能スキル（transferable skills）、オーストラリアでは 学士力もしくは卒業生としての知識・能力（graduate attributes）、その他として、ジェネリックスキル（generic skills）、キーコンピテンシー（key competencies）などです。各国で汎用コンピテンスが注目される背景として、大学教育の成果が世界的に問われていることが考えられます。言葉は違っていても、これらは総じて、市民および産業人として学生が大学卒業時に身に付けるべき資質・能力を意味します。大学においては、卒業生の就職が上手くいくかどうか（エンプロイヤビリティ employability）に関心があり、近年は「産業人として」の資質・能力に関心が集まっています（Bridgstock 2009）。

　高等教育分野で良く知られた例として、キーコンピテンシーを唱えた OECD の報告書では、コンピテンシーを「特定の文脈で、複雑な要求や課題に対応できる力」と定義しています。これは単なる知識や技術ではなく、心理的・社会的リ

ソースを活用した対応を意味します。もっとも、高等教育分野で使われるコンピテンスの定義も完全に定まっているとは言えません（松下 2007）。

　汎用コンピテンスにはたいてい複数の資質・能力が含まれます。コミュニケーション、課題解決、チームワークの3つは、ほぼ確実にどんなコンピテンスリストにも含まれます（Chan et al. 2017）。しかし汎用コンピテンスには具体的にどのような資質・能力を含むのか、そして汎用コンピテンスに含まれる各資質・能力は一体何を意味するのか不明確という定義の問題は、今日でも指摘されています（Chan et al. 2017、Green et al. 2009）。そして定義が不明確なままでも、汎用コンピテンスについての具体的な議論は進んでいます。汎用コンピテンスのリストには様々な資質・能力が含まれ、研究論文だと多い時には実に40項目に上ったりもします（山田・森 2010）。汎用コンピテンスがコンパクトにまとまった2つの例（OECDのキーコンピテンシーと経済産業省の社会人基礎力）を表1-1に示します。この2つはどちらも3つの大きなコンピテンスで構成され、その能力の1つとして実行力やチームワークが共通して含まれています。

　ところで汎用コンピテンスの「汎用」（英語ではGeneric）とは何でしょうか。この言葉は「一般的な」とか「共通して」とも言い換えられ、「いろいろな方面で使う」ことを指します。何時でも何処でも、すなわちどんな分野のどのような仕事にも共通して使える、という意味に捉えられそうです。良い人間関係を築く力、自律的に仕事をする力、情報収集・分析する力、物事に対する意欲、などは、どのような仕事をする上でも確かに必要だと思えます。そしていったんこのような能力や意欲を身に付ければ、どんな時でもどんな場面でも使えそうな気がします。ところが近年、高等教育の研究者を中心に、汎用コンピテンスは本当に「汎用」なのか、という疑問が上がってきました。「汎用」コンピテンスの必ずしもすべてが汎用的ではなく分野によって異なる可能性がある、と考えられつつあります。この辺りの議論は〈コラム1〉で説明します。

**汎用コンピテンスは、日本の産業界や、複数の学術分野でも注目されています。**

　汎用コンピテンスは日本の様々な場所で注目されています。まずは日本の産業界や教育機関そして行政機関での注目を紹介します。次に、コンピテンスが注目

表1-1　汎用コンピテンスの例

| キーコンピテンシー（OECD） | | 社会人基礎力（経済産業省） | | |
|---|---|---|---|---|
| 大分類 | 能力 | 大分類 | 能力 | 能力の内容 |
| 自立的に行動する能力 | 大局的に行動する能力<br>人生設計や個人の計画を作り実行する能力<br>権利、利害、責任、限界、ニーズを表明する能力 | 前に踏み出す力 | 主体性 | 物事に進んで取り組む力 |
| | | | 働きかけ力 | 他人に働きかけ巻き込む力 |
| | | | 実行力 | 目的を設定し確実に行動する力 |
| 社会・文化的、技術的ツールを相互作用的に活用する能力 | 言語、シンボル、テクストを活用する能力<br>知識や情報を活用する能力<br>テクノロジーを活用する能力 | 考え抜く力 | 課題発見力 | 現状を分析し、目的や課題を明らかにする力 |
| | | | 計画力 | 課題に向けた解決プロセスを明らかにし、準備する力 |
| | | | 創造力 | 新しい価値を生み出す力 |
| 多様な集団における人間関係形成能力 | 他人と円滑に人間関係を構築する能力<br>協調する能力<br>利害の対立を御し、解決する能力 | チームで働く力 | 発信力 | 自分の意見をわかりやすく伝える力 |
| | | | 傾聴力 | 相手の意見を丁寧に聴く力 |
| | | | 柔軟性 | 意見の違いや立場の違いを理解する力 |
| | | | 情況把握力 | 自分と周囲の人々や物事との関係性を理解する力 |
| | | | 規律性 | 社会のルールや人との約束を守る力 |
| | | | ストレスコントロール力 | ストレス発生源に対応する力 |

出典：キーコンピテンシー：文部科学省　OECDにおける「キーコンピテンシー」について（未定稿）
http://www.mext.go.jp/b_menu/shingi/chukyo/chukyo3/016/siryo/06092005/002/001.htm
社会人基礎力：経済産業書　社会人基礎力　http://www.meti.go.jp/policy/kisoryoku/

されている分野として、ビジネス、看護、高等教育の事例を紹介します。

## 1）日本の産学官
### ① 産業界
　経団連の行った一連の調査では企業が学生にどのような汎用コンピテンスを求めているのか把握しようとしました。2016年度に実施された大卒等新卒者の採用に関するアンケート調査では、2016年4月入社対象の採用選考活動において特に重視する要素を尋ねたところ、「コミュニケーション能力」が1位、「主体性」が2位、「協調性」が3位でした。なお学業成績の重視に関する質問では「やや重視した」という回答を選ぶ割合が過半（51.8%）を占めました。

　　関連する調査例
　　「2016年度 新卒採用に関するアンケート調査」2016年
　　「産業界の求める人材像と大学教育への期待に関するアンケート」2011年
　　「日本経団連企業の求める人材像についてのアンケート」2004年

### ② 教育機関
　汎用コンピテンスの習得を目的とした授業を取り入れる大学が増えています。コミュニケーション能力、課題発見・解決能力、論理的思考力等の能力の育成を目的とした授業科目を開設する大学数は2012年に566大学（76%）を数えています（2014年　文部科学省高等教育局「大学における教育内容等の改革状況について（概要）」より）。また小学校や中学校レベルでもコンピテンス（育成すべき資質・能力）への注目を見ることができます。例えば2014年に中央教育審議会に対して文部科学大臣より出された初等中等教育における教育課程の基準等の在り方についての諮問では、「育成すべき資質・能力を踏まえた，新たな教科・科目等の在り方や，既存の教科・科目等の目標・内容の見直しについて」の検討が要望されています。

### ③ 行政機関
　経済産業省の「社会人基礎力」を始めとして、厚生労働省や文部科学省でも

汎用コンピテンスに関して各種調査や提言を行っています。このうち経済産業省が 2006 年に実施した社会人基礎力に関する調査では、表 1-1 に示した 12 の能力要素のうち、企業規模に関わらず、「主体性」、「実行力」、「課題発見力」、「計画力」、「情況把握力」等の能力が特に求められています。若手社員に不足が見られる能力としては、やはり企業規模に関わらず、「主体性」、「課題発見力」、「創造力」が指摘されています。

関連する調査例
経済産業省「社会人基礎力、企業の求める人材像アンケート調査」2006 年
経済産業省「大学生の『社会人観』の把握と『社会人基礎力』の認知度向上実証に関する調査」2010 年
厚生労働省「雇用管理調査」2002、2003、2004 年


2) 様々な分野での注目

西・加藤（2017）は、どのような学術分野でコンピテンスが注目されているのか調べました。この結果、日本においては、心理学、ビジネス（経営学）、看護学、高等教育学の 4 分野で特に注目されると結論付け、各分野におけるコンピテンス概念の発展の経緯や課題（定義や運用上の混乱）をまとめています。以下では、ビジネス（経営学）、看護学、高等教育学の 3 つの分野について簡単に紹介します。

① ビジネス（経営学）

ビジネス（経営学）にコンピテンス概念を導入したのは、心理学者であるデイビッド・C・マクレランドだとされています。彼は、1970 年代前半にアメリカ政府から委託を受け、卓越した外交官と平均的な外交官を比較し、卓越した外交官に示される特徴はコンピテンスによって表されることを示しました。またライル・M・スペンサーとシグネ・M・スペンサーは、1989 年に産業組織の職務に必要な「コンピテンシー・モデル」を作成しました（スペンサー・スペンサー 2011）。これら考え方や手法は企業の人事管理で使われました。経営戦略論においても、企業が業界における自社の強みを保持し発展させる「コアコンピテンス」の必要性がコインバトール・K・プラハラードとゲイリー・ハメルによって 1990 年に提案され議論

されています。

### ② 看護学

　日本の看護学では、看護管理者育成のための新しい能力開発ツールとしてコンピテンスが導入されました。コンピテンス概念は経営学の分野で用いられたものが導入され、コンピテンス・モデルを導入した際のメリットの一つとして参照基準としての役割が期待されています。例えば、以前は看護師が昇任するとき上司との相性に左右されて判断が偏る可能性がありましたが、各職制に求められるコンピテンス・モデルの最下位レベルをその職制への昇進の基準としたことで客観的な任用が可能になりました。

### ③ 高等教育学

　高等教育におけるコンピテンス概念の起源には諸説ありますが、60年代のアメリカで盛んに議論された行動主義的コンピテンス概念にさかのぼることができます（黄 2011）。このコンピテンス概念の活用は、特定の職業や職務に必要な行動特性や技能を特定し、関連する教育や訓練を実施するものでした。そして初等教育の教員養成や職業訓練のみならず、大学と産業界の連携においても新しい概念として受け入れられ、1970年代以降には世界各国に広がりました。これらは90年代以降に汎用コンピテンスの概念を取り込みました。

**汎用コンピテンスが注目される理由には、社会構造の変化があります。**

　汎用コンピテンスが注目される理由として、産業や社会構造の変化があると言われています。知識基盤社会や情報化社会ではイノベーションや知識が経済的豊かさの源泉であり、人々に求められる能力がこれまでとは変わると予想されています。仕事や生活において、個人1人1人の裁量、つまり自分で考えて判断する度合が増すと考えられます。また仕事が大規模化すると、チームを組み複数人で作業することが増えます。交通や通信の発達、そして世界的な高等教育の普及につれて人材の国際移動も増加し、日本の大学卒業生も、性別、専門、国籍など多様なバックグラウンドの人々と働くことになります。このような社会変化に対応す

るために、汎用コンピテンスとそのための教育が必要だと考えられています。

　その他にも、マクレランドによる卓越した外交官分析の結果に見るように、仕事上の業績が必ずしもペーパーテストなどで測ることができるコンテンツベースの学力と一致しないことが一般的な理解になりつつあることが考えられます。有名ブランド大学の卒業証書は、有能さを示す1つのシグナルとして有用でしょう。しかしこのような大学を卒業した人でもチームメンバーや同僚として働きづらい人はいるのではないでしょうか（学力と汎用コンピテンスの関係は後ほど述べます）。例え高度な知識を持っていてもそれを活かせないと有用な知識とはなりません。高等教育での学びを実際の仕事に活かすための資質・能力が求められていると言えます。

　（高度な）汎用コンピテンスを身に付けると、何か良いことがあるのでしょうか。1つは、規模の大きな活動や仕事に繋がることが考えられます。例えば、情報を適切に読み取ることや、論理的思考力の高さは的確な判断を下すために必須でしょう。汎用コンピテンスのうちコミュニケーション能力や他者へ働きかける能力が高いと、より規模の大きなチームへの参加・企画・管理に繋がるかもしれません。汎用コンピテンスが高いだけで何もかもうまくいくとは思いませんが、職務において高い業績をあげる人には多かれ少なかれ高度な汎用コンピテンスが備わっているように思われます。

**大学教育を通じて汎用コンピテンスは身に付きます。ただし大学によって力を入れる度合いやアピールする度合いは様々です。**

　これまでの欧米を中心とした研究成果は、大学教育を通じて汎用コンピテンスが身に付くと結論付けています。汎用コンピテンスの教育に力を入れている大学もあります。アメリカのアルバーノカレッジは学習成果としての能力を見据えて、組織として汎用コンピテンス教育に継続的に取り組んでいる例として有名です（安藤 2006）。リベラルアーツを教える大学もその特性から汎用コンピテンスの育成を重視していると考えられます。しかしそうでない大学が多数です。なぜなら大学で汎用コンピテンスを（明示的に）教えるには課題も多いからです。

　Chan et al.（2017）は大学での汎用コンピテンス教育に関連する論文をレビューし、山積する課題を大きく3つに分類しました。このうちの1つは教員や学生の

汎用コンピテンスに対する優先順位の低さです。大学教育の中心は専門教育だと考えられているからです（大学の存在意義は専門教育にあり、特に選抜度の高い大学は専門分野の教育・研究で他大学から優位に差別化されているので当然かもしれません）。他にも、教員は研究業績によって主に評価されるので、教育、ましてや汎用コンピテンスの教育に力を入れにくい仕組みになっていることも指摘されています。さらに、汎用コンピテンスの定義が定まっていないことや、単一の授業で身に付けるのではなく複数の授業かつ長期にわたって身に付くものと考えられていることから、汎用コンピテンスを各授業で評価することの難しさも指摘されています。評価されないことにはなかなか意識が向かないものです。そして、誰が評価するのか、敢えて言ってしまえば、専門教育の研究業績で選抜されている教員が汎用コンピテンスの習得を評価できるのかという評価者の問題もあります。

　このように正面切って議論すると大学で汎用コンピテンスを身に付けるには難しい面ばかりです。しかし通常の授業を受けていれば、すなわち専門知識や技能を身に付ける過程で、学生は汎用コンピテンスを普通に身に付ける、もしくは向上させていると考えられます。全国学生調査（サンプル数約 48,000 人）の結果からは、グループワーク等を含む参加型授業の経験や授業への興味を持たせる工夫が汎用コンピテンスのうち、特に文章力や会話などのスキル系の能力や問題解決力などの高次思考力の養成につながるとされています（金子 2012）。また汎用コンピテンスの一部と考えられる論理的・批判的思考やプレゼンテーション技能などは日本の専門教育の一環として実施されることの多いゼミ形式の授業や卒業論文の指導を通じて向上すると考えられます。

　現在のところ、教育専門家の間では汎用コンピテンスは専門教育を通じて教えることが効果的だと言われています（Hattie et al. 1996、Kember et al. 2006）。汎用コンピテンス教育に関する実践報告や既存カリキュラムのタイトさを考慮してのことです。もっとも、汎用コンピテンスに特化した教育を実施すべきと考える教員から、専門教育に含む方が良いと考える教員まで、汎用コンピテンスの教育場所をめぐる教員の考え方は様々です（Barrie 2007）。

## 2　専門コンピテンス

**専門コンピテンスとは、大学で特定分野の学問を学んだ学生が身に付けるべき水準の資質・能力を意味します。**

汎用コンピテンスは、ソフトスキル（soft skills）などと異なる言葉で表されていたとしても、その内容は聞いたことがあるかもしれません。「コミュ力」などの言葉も耳にすることがありそうです。しかし専門コンピテンスについては、皆さんの多くが初めて聞くのではないかと思います。専門コンピテンスは、「大学で特定分野の学問を学んだ学生が身に付けるべき水準の知識や技術」を意味します。もちろんコンピテンスという概念を含むように、これまでペーパーテストで測ってきた内容から一歩踏み込んで、仕事などで実際に使える専門的な資質・能力を意味します。すなわち単なる知識ではなく、社会生活や経済活動で使えるという視点を含みます。これは従来の専門教育では必ずしも明示されてこなかった点です。

もっとも大学で身に付けた専門知識・技術を仕事で使う程度は、分野や職種によっても異なります。例えば、文学や歴史そして哲学を学んだ卒業生の中で専門知識や技術を仕事に直接活かす人は多くないでしょうが、保健医療や法律を学んだ場合には仕事に直接活かす人の割合が多いと考えられます。このような分野による違いは、専門コンピテンスを社会や経済活動で使うものとして一律に議論することを難しくしています。

このような専門コンピテンスは「分野別の参照基準」とも称され、日本学術会議でも作成されています。その資料でも述べられている通り、分野別の参照基準は大学教育の質保証の議論と関係します。大学教育の質保証とは、少し難しく感じられるかもしれませんが、簡単に説明すると次のようなことです。

日本の大学で学ぶ学生の数は近年増加しています。2017年5月の文部科学省の調査によると大学（学部）進学率は49.6％と過去最高となり、高校卒業生のほぼ2人に1人は大学に進学します。これ自体は、少子高齢化が進むときに産業人口の質を高める観点からは歓迎すべきことです。しかし少子化の中で大学進学率が高まると、当然ですが、以前よりも幅広い学力層の学生が大学で学ぶことになります。従来の大学教育には付いていけないような、十分な学力を備えていな

い学生も増えます。これに併せて教育内容も変わります。どこの大学を出ても大学卒という点では同じなのですが、大学の十分な対応がなければ、卒業時の専門的な資質・技能もばらつきが大きくなります。このような大学や学生による資質・能力のばらつきを何とかするための1つの手段が、特定の分野を学んだすべての学生が身に付けるべき基本的な資質・技能をまとめた「分野別の参照基準」です。専門コンピテンスは、参照基準の役割を果たすことが期待されます。

日本ではあまりなじみのない専門コンピテンスですが、ヨーロッパを中心に世界規模での調査が行われています（Zlatkin-Troitschanskaia et al. 2015）。国際比較調査として知られているのは、OECDが実施した調査で、専門（経済学と工学）、汎用、研究の3種類のコンピテンスを対象に、大学生がどの程度習得したのか、国際的な測定・比較が可能か調べるために、17カ国において調査が実施されました（Tremblay 2013）。またヨーロッパを拠点としたチューニングアカデミーは、専門と汎用の2種類のコンピテンスの調査をヨーロッパ各国で大規模に実施し、南米、アフリカ、ロシア、アジアなど世界の各地域に展開しています（Beneitone and Bartolom 2014）。この2つの調査については、後ほど詳しく説明します。またドイツでは2011年から2019年まで Modeling and Measuring Competencies in Higher Education-Validation and Methodological Innovations（KoKoHs）という国家規模のプロジェクトが実施されています（Zlatkin-Troitschanskaia et al. 2017）。

## 3　汎用コンピテンスと専門コンピテンスの関係

**汎用コンピテンスが高いと専門コンピテンスも高いと一般的には考えられています。**

これまでの研究は、専門知識・技術と汎用コンピテンスの習得の間に正の関係性があることを示しています。つまり、大学の成績（例えばGrade Point Average：GPA）が良いと、汎用コンピテンスも高いというわけです。高校—大学—職業の接続に関連する過去50年の研究文献を網羅的にレビューした結果、学生が大学を優秀な成績で修了するには、汎用コンピテンスの一部である学習態度や意欲および認知能力など様々な要因が関係することが示されました（Camara et al. 2015）。天は二物を与えるようです。出木杉君（ドラえもんに出てくるのび太のクラスメート。優

秀でスポーツ万能、かつ誠実)のような人でしょうか。そこまでいかなくても、成績が良い学生・生徒は、自律的かつ効果的に学習に取り組む印象があります。また認知力が非常に高い集団として、超進学校である開成や灘の卒業生は、一般の大卒者と比べて、リーダーシップ力がやや高いという調査結果も示されています(濱中 2016)。

しかしそうでない例として、専門コンピテンスが高くても汎用コンピテンスが低い人たちもいそうです。大学の教員はどうでしょうか。彼ら・彼女らは自分が専門とする領域の専門コンピテンスがずば抜けて高いはずです。であれば、大学教員の汎用コンピテンスは押しなべて高いはずです。しかし大学に数年も勤めると、必ずしもそうとは言えないような例も見られます(具体例を述べるのは差し障りがあるので止めておきます)。これは、両者の補完関係によって説明されます。知能指数(IQ)と汎用コンピテンス認識の間では負の関係があるとも言われています(Chamorro‐Premuzic et al. 2010)。この背景としては、学力の低い者ほど学力以外で評価されることを望むためか、汎用コンピテンスを高く評価する傾向が考えられます。両方のバランスをとるよりは強みをいっそう強化するほうが得策なのか、専門コンピテンスか汎用コンピテンスのいずれかが突出していれば、どちらかが少々欠けても世間を渡っていけるということでしょうか。しかしごく一般的には、専門コンピテンスが高い場合は汎用コンピテンスも高いと考えられます。

専門コンピテンスを教育している大学教員も、汎用コンピテンスと専門コンピテンスの関係を多様に捉えています。具体的には、主に4種類位の関係(前者を後者の前提、補完、移転、可能性拡大)で捉えています。例えば、ある教員は専門教育を学ぶ前提としてのみ汎用コンピテンスを捉え、別の教員は大学で学んだ専門知識を活用及び発展させるために必要不可欠なものと捉えています(Barrie 2007)。教員が多様な捉え方をする理由としては、現在のところ専門分野による影響が指摘されています。しかし同じ分野の教員でも捉え方が異なっていたり、遠いと考えられる分野の教員間でも捉え方が一致していたりと、必ずしも分野の違いだけでは説明できず、まだ議論が続いています。

## 4　コンピテンスをどのように測るのか

　ここまで、コンピテンスとは何かを説明してきました。簡単にまとめると、高等教育で用いられるコンピテンスは「市民や産業人として身に付けるべき資質・能力」を意味し、専門コンピテンスは「大学で特定分野の学問を学んだ学生が身に付けるべき水準の知識や技術」を表しました。

　ところで、このようなコンピテンスを私たちがどの程度身に付けているのか、どうやって測ることができるのでしょうか。コミュニケーション、課題解決、チームワークなどが含まれる汎用コンピテンスは、そもそも測れるのかどうか、測れるとしても、どうやったら分かりやすく示せるのでしょうか。例えば英語力であれば、標準化された多くのテストがありますし、それぞれ何らかの英語力を示すものだと受け取られています。TOEIC で 580 点と言えば、関係する人たちには受験者の英語力の水準が分かるでしょう。しかし「市民や産業人として身に付けるべき資質・能力」がどの程度身に付いているかなんて、漠然としていて（専門家は holistic nature（部分要素に還元できない全体的な）とも言います）、とても測れそうな気がしません。仮に、市民や産業人として身に付けるべき水準が例えば 10 だとして、私たちのコンピテンスはどの程度で表されるのでしょうか。そして、身に付いたコンピテンスの程度が分かったとして、それは一体何に使われるのでしょうか。

　まずコンピテンスの測り方についてご説明します。現在のところ、コンピテンスを測るには、2 つの方法が用いられています。1 つはテストによって測る方法で、もう 1 つは自己評価に基づいて測る方法です。コンピテンスのテストはピンとこないかもしれませんが、アメリカでは大規模に実施されています。例えば Educational Testing Service（ETS）が実施する大規模テストがあります。ETS は約 200 のテストプログラムを開発している世界最大の非営利テスト開発機関で、大学に関連するものとして、TOEIC Program や TOEFL（英語テスト）、SAT（全米大学入学共通試験）、GRE（大学院入学共通試験）を実施しています。SAT は高校で学ぶべき内容の到達度を、GRE は大学院に入る時点の学修到達度を測っています。他方で自己評価には、例えば学生の学びへの取り組みや関与を調べる大規模調査 National Survey of Student Engagement（NSSE）などがあります。これは、大学教育の質を、学生の教育参加や教育への満足度から比較しようとする試みで

す。これら2つの方法を比較して、自分自身のコンピテンスの度合いを報告する自己評価は、テストなどで測る直接評価の補完と位置付ける見方もあります（Zlatkin-Troitschanskaia et al. 2015）。しかしどちらの方法も一長一短ありますので、以降は、コンピテンスを測る2つの方法を大規模調査（自己評価：REFLEX、HEGESCO、テスト：PIACC [2]）を基に比較した Humburg and van der Velden（2015）を参考にして違いを見ていきましょう。

　まず、コンピテンスをテストで測る場合の良い点は、測られたコンピテンスと収入との関係が上手く表されることです。テストで測られたコンピテンスは、自己評価で測られたコンピテンスよりも、収入との関係を上手く示せるのです。社会や組織への影響力が大きい場合に収入も高いことや、コンピテンスは社会的に有用な知識能力だと捉えると、テストの方がコンピテンスを上手く測っていることになります。ただしここではコンピテンスの内容が問題になります。なぜなら多くのテストで対象とするのは、コンピテンスの一部である技能（skill）や、認知能力（cognitive skill　いわゆる学力）に留まるためです（ライチェン・サルガニク 2006）。汎用コンピテンスの重要な一部であるチームワークの計測は特に難しいと言われています（マレー 2006）。テストはコンピテンスの一部を測っているとは考えられますが、様々な能力や知識が複雑に絡み合ったと考えられるコンピテンスの一部を切り出して「コンピテンスを測った」と言えるのだろうか、という疑問が残ります。

　それでは自己評価によって測る場合はどうでしょうか。自己評価には2つの長所があると言われています。1つはテストで測ることが難しい汎用コンピテンスにも適用できること、もう1つは調査に必要な費用がテストの開発と比べて比較的安いことです。ただし短所もあります。同じ能力をテストと自己評価で測った場合、あまり関係しないことです。回答者の恣意性の問題もあります。例えば私のコンピテンスが10段階の内の本当は5だったとしても、私はコンピテンスが身に付いていると思い込んでいたり、自分を良く見せようとしたりして10と報告するかもしれません。逆に、謙遜したり自分に厳しかったりで、3と報告するかもしれません。このような自己評価は当てになりそうもありません。

　Humburg and van der Velden（2015）はテストと自己評価の2つの方法を比較して、次のように結論付けています。自己評価は1つの国においてコンピテンスを測ることには有効である。しかし国際的にコンピテンスを比較する場合は、回答する

スタイルが国によって違うために、自己評価は信頼性が低くなり、テストによる計測が優れていると。つまりコンピテンスを測る方法を使い分けることが大切なようです。これは調査が誰を対象とするのかにも当てはまります。学生のコンピテンスを知りたい場合に学生を対象にテストをすることはできます。しかし、学生がコンピテンスを身に付けた程度を教員や雇用主がどのように考えているのか知りたい場合には、テストはそぐいません。このようなときは、主観的なアンケート調査が適切です。自己評価などの主観的評価はバイアスを伴う方法ではありますが、それでも多くの回答結果をまとめると傾向を見ることができます。

　高等教育で身に付いたコンピテンスを測る取り組みは、世界的に行われています。ヨーロッパやアメリカなどの先進国を中心としてはいますが、それでも、アジアやアフリカから中南米まで、世界各地で取り組まれています。次に、このような取り組みの中から、国際的で大規模なプロジェクトを2つほどご紹介します。国際的な取り組みに注目する理由は、「大学卒業時に身に付いている」ことを国際的に比較できるチャンスだからです。もちろん1か国の取組でも十分に意味のあるものです。

　日本でも他の多くの国々でもそうだと思うのですが、大学生になるまでは標準化されたテストが数えきれないくらいあるのに、大学に入った途端にこのようなテストはきれいさっぱりとなくなります。あるのは大学入学時の偏差値等と大学ランキングくらいです。それでは、大学でどの程度力が付いたのか、大学によって入学後に身に付く力に違いがあるのかどうかは分かりません（大学での学びはテストで測れないものも多々あるでしょうが、教育成果が明らかな形で示されない理由はそれだけでしょうか）。

　教育成果が国際比較できるのであれば、日本の大学生は「市民や産業人として身に付けるべき資質・能力」や「大学で特定分野の学問を学んだ学生が身に付けてほしい水準の知識や技術」をどの程度身に付けているのか、他国との比較を通じて知ることができます。入学後の変化は分からなくても日本の大学での学びを、共通する指標でアメリカや中国の大学と比べることができます（「市民や産業人として身に付ける」ことが、国が違っても同じことを意味するのかどうか、同じ物差しで測れるのかどうかという点も慎重に検討する必要はあります）。以下では、コンピテンスを調査した国際的な取り組みをご紹介しましょう。

## 1. Assessment of Higher Education Learning Outcom (AHELO)[3]

高等教育における学習成果の評価フィージビリティ・スタディ（以下 AHELO-FS）
コンピテンスの国際比較調査として最も良く知られた調査です。ちなみにフィージビリティ・スタディとは、試行的に試験を行い、本格的な実施可能性を明らかにすることです。

① 期　　間：2010 年〜 2012 年（第 1 段階 2010 年 1 月〜 2011 年 6 月、第 2 段階 2011 年 1 月〜 2012 年 12 月）
② 実施主体：OECD（Organisation for Economic Co-operation and Development: 経済協力開発機構）
③ 目　　的：学生が高等教育で学んだことやできるようになったことが世界共通のテストにより測定可能か確かめること
④ 調査対象者：学生
⑤ 分　　野：汎用、経済学、工学
⑥ 実施方法：調査は全てオンラインで実施され、参加者は各分野で 90 分から 2 時間のテストに解答し、背景や教育経験に関する調査票にも回答しました。記述式問題は採点ルーブリックを用いて、訓練を受けた採点者により採点されました。
⑦ 参加国：日本を含めた 17 カ国
　　汎用的スキル：コロンビア、エジプト、フィンランド、韓国、クウェート、メキシコ、ノルウェー、アメリカ、スロバキア
　　専門的スキル
　　　（経済学）：ベルギー、エジプト、イタリア、メキシコ、オランダ、ロシア、スロバキア
　　　（工　学）：日本、オーストラリア、カナダ、コロンビア、エジプト、メキシコ、ロシア、スロバキア、アブダビ

AHELO-FS は、汎用と専門分野（工学、経済学）のコンピテンスが世界共通

のテストを用いて測定可能なのか探る目的で実施されました。日本は工学分野に参加しました。AHELO-FS にはイギリスやフランスおよびドイツなどヨーロッパの主要国が参加していません。この背景には、問題の作成あるいは採点基準等が参加国間で議論されなかったことや、汎用コンピテンスのテストにアメリカで開発された CLA（Colligiate Learning Assessment）が用いられアメリカによる標準化に対する警戒を生じさせたことが考えられます（金子 2014）。このように AHELO-FS は汎用コンピテンスの計測をめぐる国際比較の難しさも明らかにしました。また参加大学は任意であることから、参加した大学の水準によって各国の結果が左右される可能性が高く、国際比較は慎むべきと考えられます（濱中 2014）。今回の実施が試行的な取り組みであったにもかかわらず、参加機関の利害やデータの秘匿性から、その評価と将来への含意が明快な形で提示されていない点も問題として指摘されています（金子 2014）。一部の参加国や地域は調査に臨んで多くの困難を経験しましたが、全ての参加国が何らかの学習をし、AHELO-FS は意義のある取組だったと報告をしています。よって、このプロジェクトは多くの教訓が得られた試行と言えます（ユーウェル 2013）。

## 2. チューニングプロジェクト[4]

　大学教育成果としてのコンピテンスの調査を長期間にわたり大規模に実施しているのがこのプロジェクトの特徴です。調査の実施主体であるチューニングアカデミーは、デウスト大学（スペイン）とフローニンゲン大学（オランダ）が中心となって、高等教育における学習の質、教育と評価の発展・強化のための拠点として組織され、高等教育で身に付くコンピテンスに関する調査を実施してきました。手法はもっぱら自己評価による調査ですが、2015 年から始まった Measuring and Comparing Achievements of Learning Outcomes in Higher Education in Europe（CALOHEE）（欧州高等教育における学習成果の測定・比較に関するフィージビリティ・スタディプロジェクト）では、テストによる調査を実施しています。

　①期　　間：2000 －継続中
　　　　Tuning Europe（I-IV）（2000-2009）から始まり、最新のプロジェクトは

東南アジアを対象としたTuning Asia-South East (TA-SE) プロジェクトです（期間は2016-2019）。なおCALOHEEの期間は2015-2017です。

②実施主体：チューニングアカデミーおよび各国・地域関係機関

③目　的：世界各地の調査は、比較可能な能力、技術、知識の枠組みを築くことで、ヨーロッパ高等教育圏で用いられるボローニャ・ツール[5]の導入を目指すことを目的としています。CALOHEEの目的は、学士および修士課程学生を対象とした学習成果を測定するためのヨーロッパ共通のテストの開発を目指すことです。

③調査対象者：大学生、教員、卒業生、雇用主など、プロジェクトに応じて決まります。

④分　野：50以上の分野で調査が実施されています。
CALOHEE：5分野—工学（土木工学）、保健（看護学）、人文科学（歴史学）、自然科学（物理学）、社会科学（教育学）

⑤実施方法：世界各地で調査が行われていることから多様な方法が用いられていると考えられますが、初期には郵送による質問紙調査が実施されていました（ゴンザレス・ワーヘナール 2012）。

⑥参加国：2000年から2017年までで120以上の国がプロジェクトに参加しました。CALOHEEでは1分野につき75機関（15カ国×各5機関）が参加するので、5分野で375機関が参加すると発表されています。

　第2章以降で述べる日本での調査もこのチューニングプロジェクトの手法を土台として設計されました。もっとも日本の状況に合うように日本人専門家が一部改変してはいます。ちなみにTuning（チューニング）とは、ボローニャ・プロセス[6]を実現するためにヨーロッパの大学が主導しているプロジェクトで、当初はEuropean Commission（EC:欧州委員会）から財政的・理念的に支援を受けていました。チューニングが持つ複数の目的のうちの1つは、社会で求められるコンピテンスを明らかにし、学生の雇用可能性の向上を図ることです。この背景には、歴史学などの分野では学習した専門領域と関連の低い職に学生の多くが就職することもあります。また専門分野・学位水準ごとに、どのようなコンピテンスの習得が期待されるのか参照基準を定義することも含まれています。50以上の分野で調

査が実施され、それぞれの分野の参照基準を作るべく専門家たちが調査結果をまとめた報告書を発表しています。このプロジェクトの特徴は、調査対象者には学生のみでなく、教員や雇用主などの大学ステークホルダーが含まれていることです。

　チューニングアカデミーでは、コンピテンスを、属性（知識と活用、態度、技能、責任等）の組み合わせと捉え、人が達成できる水準や程度を表すと定義しています（ゴンザレス・ワーヘナール 2012）。もっとも彼らのコンピテンスの捉え方は、文脈を踏まえていない、コンピテンスを部分要素に分解可能と捉えている、市民としての視点よりも産業界の視点が強いなどの批判もあります（松下 2007）。

　それでは、このように大規模に実施された調査の結果はどのような効果をもたらしているのでしょうか。チューニングアカデミーはチューニングインパクトと題してプロジェクトに参加した人たちに対して、大学教育への影響に関する調査を 2013 年に実施しました。この結果、83 カ国 344 機関の 601 人から回答が寄せられました（回答率は 76.2 %）。カリキュラムなどにコンピテンスベースのアプローチが取り入れられたかどうかという質問に対しては、大学全体で取り入れたとする回答が約 25%、一部分野や学部で取り入れられたとする回答が約 58%、全く取り入れられていないとする回答が約 16% でした。チューニングアカデミーの実施するプロジェクトに参加したのはそもそも大学教育の改善に関心があった大学という参加者バイアスもありますが、この調査結果からは、調査が大学教育に与えた一定の影響が伺えます。

　ここまでで、コンピテンスの測り方や、世界的に行われた調査の概要について説明しました。もちろん、このような大規模な国際的取組以外にも、各大学の卒業生を対象とした調査は世界の多くの機関で実施されています。では、学生や卒業生が身に付けたコンピテンスの程度が分かったとして、それは一体何に使われるのでしょうか。役に立たないのに費用と労力をかけて調査するわけがない、と普通は思います。しかし活用を示す実証的な報告はとても少ないのです。コンピテンスは、教育成果を表す新たな概念として注目を集める一方、いくつかの課題が指摘されており、そのうちの 1 つが調査結果の活用なのです（Koeppen et al. 2013）。アメリカの調査結果では個人や組織レベルでの活用が進んでいないことを示しています。その理由としては、測定が進んでいるアメリカにおいても、例えば大学入学や就職試験などの意思決定に使われていないことが指摘されています（Mattern et al. 2015)。

　コンピテンス評価の活用には、様々なレベルがあります。まずは個人の学習成果の改善です。自分のコンピテンスの程度が分かれば、不足部分を意識的に高めることもできます。次は大学教育の改善のような組織レベルでの活用です。チューニングインパクトの調査で調べられているように、分野、学部、大学全体のような異なる段階での教育の改善のために使われることが考えられます。そのための手段は、例えばカリキュラムの改善です。そして最後は国レベルでの教育プロセスの見直しです。コンピテンスを測った後の活用は今後の大きな課題です。

## 5　まとめ

　コンピテンスは、大まかには汎用コンピテンスと専門コンピテンスの2種類に分けられます。汎用コンピテンスは様々な業界や分野で注目を集めています。ソフトスキルやジェネリックスキルなどいろいろな言葉で表されていますが、高等教育分野においては、「市民や産業人として身に付けるべき資質・能力」を意味します。専門コンピテンスは、大学で特定の学問分野を学んだ学生が身に付けるべき水準の知識や技術（分野別の参照基準）を意味します。一部に例外も見られますが、汎用コンピテンスが高いと専門コンピテンスも高いと一般的には考えられています。

　コンピテンスはテストと自己評価の2種類の方法で測られています。それぞれの方法に一長一短ありますが、知りたいことによって、コンピテンスを測る方法を使い分けることが大切です。国際的に大規模にコンピテンスを調査しているプロジェクトにおいても、その目的に応じて計測手法を使い分けています。

**注**

1　コンピテンシーは個別具体的な、コンピテンスは総称的かつ理論的な使われ方をすると言われています（Sadler 2013）。

2　REFLEX、HEGESCO、PIACC とは
　REFLEX（Research into Employment and professional FLEXibility）と HEGESCO（Higher Education as a Generator of Strategic Competences）は国際的な卒業生調査であり、HEGESCO は REFLEX の後続調査です。各調査には、16カ国（2005年）、5カ国（2008年）（各国5,000人から1万人程度）が参加しました。参加者は大学卒後5年の者です。参加者は専門分野のコンピテンスの水準について7点尺度で自己評

価を求められ、時間当たりの収入も尋ねられました。日本も REFLEX に参加しています（吉本 2007）。一方、PIACC（Programme for the International Assessment of Adult Competencies：国際成人力調査）は OECD によって、成人の技能を測る目的で 2012 年に 24 カ国（日、米、英、仏、独、韓、豪、加など）が参加し実施されました。参加者は各国 5,000 人で、「読解力」「数的思考力」「IT を活用した問題解決能力」について調査されました。これら調査は質問紙かオンラインで実施されています。

3　OECD: Testing student and university performance globally: OECD's AHELO
　　http://www.oecd.org/education/skills-beyond-school/testingstudentanduniversityperformanceglobalyoecdsahelo.htm
　　文部科学省：OECD「高等教育における学習成果の評価（AHELO）」フィージビリティ・スタディの結果について
　　http://www.mext.go.jp/a_menu/koutou/shitu/1341802.htm

4　Tuning Academy：http://tuningacademy.org/
　　CALOHEE：https://www.calohee.eu/
　　Tuning Impact Research：http://tuningacademy.org/tuning-impact-research/

5　ボローニャ・プロセスとは、ボローニャ宣言から始まったヨーロッパにおける高等教育システムの改革に関する、一連の流れを指します。ボローニャ宣言とは 1999 年 6 月 19 日にイタリアのボローニャで、ヨーロッパ 29 カ国の高等教育担当大臣が調印したものです。2010 年までに European Higher Education Area（EHEA：欧州高等教育圏を意味します。ヨーロッパの高等教育の競争力と魅力を高めるため、学位が国境を越えて円滑に評価されるようになることを目指す取り組みです）を確立するために、比較可能な学位制度を採用するなどの課題の達成に努力することで各国の大臣が署名しています。ボローニャ・ツールとは、欧州高等教育圏における単位の互換制度や、教育の質保証の枠組みです。具体的には以下が含まれます。

　　＊ European Credit Transfer and Accumulation System（ECTS）欧州単位互換・累積制度（学習時間を基礎とする単位制度。この制度の意図は異なる国の異なる大学の学術プログラムを比較可能にすること）、
　　＊ the Diploma Supplement（DS）取得学位・資格の内容標準化された表記（全て英語）で追加情報を提供すること、
　　＊ the overarching and national qualifications frameworks（QFs）包括的国家資格枠組み、
　　＊ the European Standards and Guidelines for Quality Assurance of Higher Education（ESG）欧州高等教育圏における質保証の基準とガイドライン
　　出典：http://www.niad.ac.jp/n_kokusai/block2/1191501_1952.html
　　http://www.ehea.info/pid34260/tools.html

6　注 5 参照。

> **コラム1** 汎用コンピテンスは本当に「汎用」なの？

　汎用コンピテンスが本当に汎用かどうか、結論は出ていません。以前は、その名の通り「汎用（どんな場面でも移転可能）」だと考えられていました。しかしこれに疑問を持つ研究者によって各種調査研究がなされてきました。この結果、現在では、汎用コンピテンスの中に含まれる資質・能力によって汎用性が高いものから低いものまであると考えられています。汎用コンピテンスリストに含まれることの多い3つのコンピテンス（批判的思考力、問題解決、コミュニケーション力）は分野依存度が高いと言われています（Jones 2009）。教員にインタビュー調査した結果、例えば「問題解決」が意味するところは分野によって異なることが分かったからです。ちなみに大学教員も、汎用コンピテンスを分野を超えて転移可能と捉える Generalist と、特定の文脈（専門分野）に依存すると考える Specialist に大別されます（Moore 2004）。そもそもこのような2つのカテゴリーにきれいに分けられるのかという疑問も出されています。とは言っても、汎用コンピテンスには汎用性が無いなどと言い切るのではなく、汎用性が常に担保されているという仮定を批判的に考えてみることが提唱されたと言えそうです。

> **コラム2** 企業人事で求められるコンピテンス

　第1章では、コンピテンスがビジネス（経営学）も含めて複数の学術分野で注目されていることを紹介しました。ビジネス（経営学）は実践的側面を持つ学問分野ですし、関連する研究が進めば企業の人事にもコンピテンスの概念が用いられていると考えられます。

　西・加藤（2017）では、企業人事にもコンピテンス概念は使われていましたが、一時のブームは去ったと述べています。例えば、スペンサーのコンピテンシー・マネジメントへの批判が次々に出されたのは1990年代後半で、アメリカではこの頃には人事管理としての流行は収束したそうです。実際の運用に対する難しさがその原因で、例えば、網羅的で数が多すぎることや、給与制度と関連して用いることの難しさが理由として挙げられています。そして日本でも、コンピテンス概念

が人事で広く使われるようになり、各コンサルティング会社がそれぞれ独自にコンピテンスを定義したため、コンセンサスのとれた定義はなく現在でも混乱した状態が見られるそうです。

しかしコンピテンスの考え方は、企業人事に影響を与えていると考えられます。例えば西尾（2015、2017）の著書に見ることができます。コンピテンスに関する彼の主張は簡単にまとめると次のような内容です。

企業の人事評価に不満を持つ人（アンケート全体の約1/3）の7割は、「評価基準が不明確」なことを理由にしています。人事評価は、上司の個人的な「好き嫌い」を含んだ主観的な個人評価がほとんどだと捉えられているからです。それであれば、職務ごとの評価基準つまりコンピテンス（成果につながる行動や活躍する人に特徴的な行動や考え方）を見える化し、職務で何を求められているのかを各社員に気づかせて行動させればいいのではないか。多くの企業が職務ごとに求めている行動は会社の大小を問わず本質的にはさほど変わらないので、評価基準は45のコンピテンスで表せます。具体的には、新人クラスだとビジネスパーソンとして最低限必要なスキル（ルール尊守、マナー意識、チームワーク、共感など）であり、チーフクラスだと実践的なスキル（プレゼンテーションや問題分析など）、課長クラスなら計画立案や目標達成、部長クラスなら戦略策定などです。

上記のような企業人事で使われるコンピテンスと、大学教育で身に付けるべきコンピテンスには、似ている点と異なる点があります。似ている点としては、大切なのは何が求められているのかを知ることや、求められていることと現在の自分とのギャップに気が付くことです。もちろん頭抜けた出る杭は何が求められているのか知る必要もないのでしょうが、これらは例外であり、多くの人にとってはルールを知っておくにこしたことはありません。企業人事の場合は評価する人と評価される人の見方や考え方の違いを、大学の学びの場合は学生や教員が卒業生および企業人との違いに気づくことが行動を変える出発点となります。異なるのは、企業人事においては優れた行動に繋がるという視点が含まれる点です。これに対して大学教育におけるコンピテンスの到達点は、どちらかと言うと基礎的な資質・能力に焦点を当てている点です。また、企業においてはコンピテンスによる人事評価が社員のキャリアと結びつくことから、社員の行動改善に繋がることが期待されます。大学の場合はコンピテンスによる評価が未だ確立していないため、影響は分かりません。このような違いはあっても、大学での学

びと職務キャリアがコンピテンスを軸に繋がる可能性が考えられます。

　ちなみに西尾（2015、2017）は、企業の人事評価の真の目的は人を育てることにあると述べています。人事評価とは褒めるためのものであり、良い点をほめ、足りない点は改善を促すような人を育てる仕組みだそうです。人間は努力次第で伸びるものであり、能力や資質は固定的なものではない、という考え方が根底にあります。みなさんは評価をこんなにポジティブに捉えられますか。学校教育を受けている間は何においてもテストされて序列化され、いくら評価基準が分かるようになっても、評価は優劣をつけ他者と差別化をするための「できれば避けたいもの」という印象がないでしょうか。現実にはそのような側面も否定できません。しかし、そもそも何のための評価なのかを考えると、コンピテンスを用いた評価においても、今後の改善に繋がるようなポジティブなメッセージを受け取ることができる仕組みが大切だと考えられます。

## 第2章　コンピテンス調査の概要

### 1　調査の目的と特徴

　この章では、調査データの概要について説明します。

　本書で使用するデータは、「グローバルに問われる能力：社会が求める大学教育をめざして」調査（以下、コンピテンス調査という）をもとにしています。

　コンピテンス調査は、就職を前に日本の大学卒業生に備わっていることが期待されるコンピテンスについて、多様な大学関係者の視点から把握することを目的に、これまで3回実施されてきました。また、教育課程（カリキュラム）の編成・改善、教育内容の質向上など、大学教育を見直すための基礎資料として活用されることを目指してきました。

　調査主体は、教育改革推進懇話会[1]に設置されたチューニングワーキング（以下、チューニングWGという）であり、同WG幹事校の一橋大学が調査の実施を受け持ってきました。ただし、第2回調査の一部と第3回調査は、一橋大学森有礼高等教育国際流動化機構が企画・実施しました。

　コンピテンス調査の特徴は、おもに次の2点にあります。

　ひとつ目は、2種類のコンピテンスについて調べていることです。具体的には、分野横断的で、あらゆる職業を越えて移転可能だと考えられている汎用コンピテンスだけではなく、各専門分野での習得が期待される専門コンピテンスについても、様々な大学関係者の見方を詳細に尋ねています。これまで日本では、汎用コンピテンスに関わる調査は数多く行われてきましたが、専門コンピテンスについて調べた大規模調査はほとんどありませんでした。しかし、日本の大学教育は、専門教育を中心に組み立てられています。近年は、「学士力」や「社会人基礎力」な

どの汎用コンピテンスへの注目が高まっていますが、汎用と専門どちらのコンピテンスについても問うことによって、これからの大学教育の在り方をバランスよく議論できると考えられます。

ふたつ目は、大学関係者である4者の視点を取り入れていることです。具体的には、学生や卒業生、大学教育の担い手である教員に加えて、大学卒業者を雇用する立場にある企業人も、調査の対象としています。大学関係者や企業人は大学教育を通じたコンピテンスの育成にどのような考えを持っているのか。また、対象者間でどのような考えの違いが見られるのか。コンピテンス調査は、多様な大学関係者の視点を取り入れることで、これらの問いを明らかにし、社会が求める大学教育を構想していくための基礎情報を提供できます。本書で使用するコンピテンスリストは、専門も汎用もともに、調査結果をもとに大学の教員たちが議論をして、カリキュラムに反映させていくための土台だと考えてください。

## 2　各調査の内容

コンピテンス調査はこれまでに3回実施され、おもに11の専門分野から、のべ約7,000名にも及ぶ大学関係者（ステークホルダー）の方々にご参加いただきました。

過去3回実施されたコンピテンス調査の内容は、以下のとおりです。各調査の概要は、**表2-1**に、各調査の有効回答数は**表2-2**にまとめています。なお、表2-2で塗りつぶしされているのは、専門分野別の分析で使用するデータです（詳細は後述）[2]。

表に記載していますが、調査に参加していただいた大学はいずれも日本国内において威信の高い大学となっており、その多くは教育改革推進懇話会のメンバー校である研究型大学です。そのため本書で紹介するデータは、教育・研究の高レベルでの発展を目指す大学とその関係者の現状を反映した内容となっているといえます。

【第1回調査】

まず、第1回調査は、2015年1月から2015年3月にかけて実施されました。

表2-1　各調査の概要

|  | 第1回 | 第2回 | 第3回 |
|---|---|---|---|
| 調査時期 | 2015年1月〜2015年3月 | 2015年12月〜2016年3月 | 2016年12月〜2017年3月 |
| 回答方法 | 質問紙 | 質問紙／オンライン | 質問紙／オンライン |
| 回答言語 | 日本語／英語 | 日本語／英語 | 日本語／英語 |
| 対象分野数 | 6分野 | 11分野 | 2分野 |
| 対象分野内訳 | ビジネス、歴史学、物理学、化学、機械工学、土木工学 | 経済学、ビジネス、歴史学、教育学、心理学、物理学、化学、地球科学、機械工学、土木工学、数学 | 経済学、ビジネス |
| 主要参加大学数 | 7大学 | 7大学 | 10大学 |
| 主要参加大学内訳 | 北海道大学・東北大学・筑波大学・東京工業大学・早稲田大学・一橋大学・大阪大学 | 北海道大学・千葉大学・東京工業大学・一橋大学・金沢大学・神戸大学・九州大学 | 東京大学・上智大学・早稲田大学・慶應義塾大学・一橋大学・同志社大学・神戸大学・岡山大学・広島大学・九州大学 |

　対象となった専門分野は、ビジネス、歴史学、物理学、化学、機械工学、土木工学の計6分野です。調査には7大学が参加しました。

　調査対象者は、これら専門分野の学生、教員、卒業生（卒後5年以内）、そして卒業生の就職先として想定される民間企業などに勤務している方（以下、企業人という）です。学生は、学部3年生以上が対象であり、大学院生も含まれています。また、第1回調査では、企業人の方々に、複数の質問紙（汎用1種+分野別6種）を配付し、該当する分野すべてについてご回答いただいています。

　調査項目は、①汎用コンピテンスと②各専門分野の専門コンピテンスの2部で構成されており、回答者には、各コンピテンスの重要度を回答していただきました。ただし、卒業生の場合のみ、本人の属性や取得学位に関する調査項目が設けられています。

表2-2 専門分野・対象者別に見た有効回答者数

| | | 対象者 | | | | |
|---|---|---|---|---|---|---|
| | | 学生 | 教員 | 卒業生 | 企業人 | 合計 |
| 第1回調査 | ビジネス | 79 | 12 | 10 | 30 | 131 |
| | 歴史学 | 152 | 19 | 23 | 17 | 211 |
| | 物理学 | 501 | 89 | 52 | 19 | 661 |
| | 化学 | 349 | 91 | 40 | 23 | 503 |
| | 機械工学 | 602 | 99 | 146 | 19 | 866 |
| | 土木工学 | 192 | 39 | 65 | 21 | 317 |
| | 合計 | 1,875 | 349 | 336 | 129 | 2,689 |
| | | 学生 | 教員 | 卒業生 | 企業人 | 合計 |
| 第2回調査 | 経済学 | 94 | 28 | 127 | 96 | 345 |
| | ビジネス | 246 | 32 | 101 | 87 | 466 |
| | 歴史学 | 71 | 13 | 15 | 11 | 110 |
| | 教育学 | 19 | 7 | 22 | 15 | 63 |
| | 心理学 | 6 | 4 | 20 | 14 | 44 |
| | 物理学 | 15 | 14 | 7 | 11 | 47 |
| | 化学 | 20 | 8 | 11 | 30 | 69 |
| | 地球科学 | 82 | 33 | 41 | 3 | 159 |
| | 機械工学 | 158 | 25 | 1 | 27 | 211 |
| | 土木工学 | 59 | 14 | 0 | 3 | 76 |
| | 数学 | 16 | 13 | 34 | 2 | 65 |
| | 合計 | 786 | 191 | 379 | 299 | 1,655 |
| | | 学生 | 教員 | 卒業生 | 企業人 | 合計 |
| 第3回調査 | 経済学 | 1,261 | 68 | 398 | 45 | 1,772 |
| | ビジネス | 308 | 48 | 415 | 27 | 798 |
| | 合計 | 1,569 | 116 | 813 | 72 | 2,570 |

注:第1回調査の場合、企業人を含む合計は延べ人数。

第 1 回調査はすべて質問紙による回答となっており、有効回答数（延べ人数）は 2,689 名です[3]。なお、全体の回収率（配布した質問紙数に占める回収した質問紙数）は 10.7%、対象者別の回収率は、学生 18.0%、教員 23.7%、卒業生 3.7%、企業人 2.6% となっています。

**【第 2 回調査】**

つぎに、第 2 回調査は、2015 年 12 月から 2016 年 3 月にかけて実施されました。調査参加大学はおもに 7 大学であり、調査対象者は、前回同様、学生（おもに学部 3 年生以上、院生含む）、教員、卒業生（卒後 5 年以内）、企業人です。なお、第 2 回調査以降、企業人の回答は、一人につき一分野となりました。

調査項目は、①汎用コンピテンス、②各専門分野の専門コンピテンス、③本人属性や大学教育及び職に関する意識（専門理解度、教育満足度など）の 3 部で構成されています。

第 2 回調査では、対象分野を経済学、ビジネス、歴史学、教育学、心理学、物理学、化学、地球科学、機械工学、土木工学、数学の 11 分野に拡充しています。コンピテンスに関わる質問項目も改訂・刷新されています。

特に大きな変更点のひとつは、各コンピテンスの重要度だけではなく、習得度（「どの程度習得できているか」）の回答も追加されたことです。また、すべての分野でコンピテンスに関する質問項目の内容や文言に変更がありました。さらに、大学教育や職業に関する質問項目も複数追加されています。

回答方法については、第 1 回調査では質問紙のみによる回答でしたが、第 2 回からはオンライン（PC、スマートフォン）での回答もできるよう変更されました。

第 2 回調査の有効回答数は 1,655 名です。なお、第 2 回調査は質問紙とオンラインを併用したため、全体の回収率は正確にはわかりませんが、依頼数を回答した 3 大学と企業人の質問紙での回収率は 37.5%（学生 40.3%、教員 37.9%、企業人 28.9%）です。また、オンラインで実施した 2 大学での回収率は、9.3%（学生 11.9%、教員 31.8%、卒業生 6.2%）です。

**【第 3 回調査】**

そして、最新の第 3 回調査は、2016 年 12 月から 2017 年 3 月にかけて、10

大学の参加のもと実施されました。回答方法は、前回同様、質問紙とオンラインのいずれかです。

調査項目は、第2回調査に引き続き、①汎用コンピテンス、②各専門分野の専門コンピテンス、③本人属性や大学教育及び職に関する意識（専門理解度、教育満足度、就職（希望）先関連度など）の3部で構成されています。

調査対象者は、学生、教員、卒業生（卒後5年以内）、企業人ですが、第3回調査では、対象とする学生の範囲が限定され、おもに3年生以上の学部生となっています。また、回収率を上げるために、一部大学の学生と卒業生には薄謝を進呈しました。

それ以外にもいくつか変更点があります。ひとつ目は、より多くの大学からの参加を募る一方、調査主体である一橋大学が優位性を持つ、経済学とビジネスの2分野に対象分野を絞り込んだ点です。これによって、コンピテンスのより詳細な把握と調査参加大学間の比較を試みました。

ふたつ目は、調査参加大学の一部で、学生の回答者に学籍番号の記載を求めた点です。調査に参加した大学が、学籍番号をもとに様々な学内データと結び付けた分析を行うことで、各校の教育改善に役立てることが出来ると考えたためです。本書では、学籍番号を活用した分析は行いませんが、今後様々な形でコンピテンス調査が大学教育改革に活用されていくことが望まれます。

第3回調査の有効回答数は 2,570 名です。なお、第2回調査同様、質問紙とオンラインの併用のため、正確な回収率は計算できませんが、調査参加校からの回答をもとにした全体の回収率（おおよその対象者数に占める有効回答数）は 15.8%、対象者別には学生 18.4%、教員 20.4%、卒業生 12.1% となっています。企業人については、対象者数が特定できないため回収率は出していません。

次章以降では、ここで紹介した調査データを活用して、日本の大学関係者（学生、教員、卒業生、企業人）が専門、汎用それぞれのコンピテンスに対してどのような考えを持っているのか検討していきます。また、6章では、経済学とビジネス分野を対象に、学生や卒業生のコンピテンス認識と教育満足度等の関係を見ていきます。

ただし、表 2-2 に示したように、専門分野によって回答者数にばらつきがあるた

## 表2-3　本書（専門コンピテンスの分析）で用いるデータ

| | 使用するデータ | | |
|---|---|---|---|
| | 第1回調査<br>（重要度のみあり） | 第2回調査<br>（重要度と習得度ともにあり） | 第3回調査 |
| 物理学 | ○ | | |
| 化学 | ○ | | |
| 土木工学 | ○ | | |
| 経済学 | | ○ | ○ |
| ビジネス | | ○ | ○ |
| 歴史学 | | ○ | |
| 地球科学 | | ○ | |
| 機械工学 | | ○ | |

※専門コンピテンスに関わる分析での対象外分野：
【第2回】教育学、心理学、数学

注：汎用コンピテンスに関わる分析では、11分野すべてのデータを使用。

め、本書では、専門コンピテンスに関わる分析を行う際は、次の8分野に対象を絞っています。具体的には、回答者人数の多さから、経済学、ビジネス、歴史学、物理学、化学、機械工学、土木工学、地球科学の8つを対象分野としました。

そのうち、ビジネス、歴史学、物理学、化学、機械工学、土木工学の5分野については、第1回、第2回調査で専門コンピテンスに関わる質問項目が異なる関係で、どちらかの調査データのみを使用しています。基本的には、習得度、重要度どちらについても回答が得られていることを重視し、第2回調査のデータを優先して選択しました。しかし、第2回調査でのサンプルサイズが小さい分野、すなわち物理学、化学、土木工学の3分野については、第1回調査のデータを用いています。

また、経済学とビジネスの2分野については、第2回調査以降でコンピテンス項目に変更がないため、第2回と第3回調査のデータを統合して分析しています。

本書で使用するデータについては、**表2-3**に示した通りです。

なお、これまでの調査の報告書は、一橋大学森有礼高等教育国際流動化機構のホームページ（http://arinori.hit-u.ac.jp/project）で公開されています。調査結果をさらに詳しく知りたい方は、そちらをご参照ください。ただし、報告書発行後に、いくつかデータの微修正を行なったため、本書と報告書の有効回答数は必ずしも一致しない点にはご留意ください。

## 3 コンピテンスに関する質問項目

最後に、コンピテンスに関する質問項目について紹介します。

まず、質問項目の作成について。第1回調査では、欧州を中心とした国際的な高等教育研究センターであるチューニングアカデミー[4]が世界の複数地域で実施したコンピテンス調査をベースに、質問紙を作成しました。質問紙を揃えることで、国際比較が可能となることを期待したためです。しかし、第2回調査以降では、質問内容をより日本の大学教育の現状に即した内容とするため、いくつかの分野（経済学、ビジネス、地球科学）では新規にコンピテンスリストを作り、調査に活用しています。

本書で扱う分野のうち、歴史学、物理学、化学、機械工学、土木工学の5分野については、チューニングアカデミー作成のコンピテンスリストを和訳して使用しています（ただし、一部の項目を再編・統合した場合もあります）。汎用コンピテンスのリストも、チューニングアカデミーのものがベースです。

他方、経済学、ビジネス、地球科学の3分野では、新たなリストを用いています。新規のコンピテンスリストは、各分野の大学教員の方々との議論のもと作成されました。例えば、経済学やビジネスのコンピテンスリストは、その大部分が一橋大学のカリキュラムを踏まえた内容となっており、同大学（経済学部、商学部）の教員複数名の協力のもと完成されました。

つぎに、コンピテンス認識に関する質問の仕方ですが、重要度・習得度いずれの場合も、各コンピテンス項目について「高い（4）」から「低い（1）」の4点尺度で回答を求めました。習得度については、学生・卒業生の場合は自分自身を、教員の場合は指導した学生を、そして企業人の場合は自身の属する部署の新入社員を想定し、回答していただいています。例えば、第3回（2016年度）調査

では、以下のような質問文と選択肢をもとに、専門コンピテンス、汎用コンピテンスそれぞれの重要度と習得度を尋ねています。ここに示したのは、専門コンピテンス（経済学、一部のみ）と汎用コンピテンス（一部のみ）です。3章からの調査結果の説明では、これらコンピテンスの項目を短くした形で引用します。

また、巻末には専門コンピテンス（経済学とビジネス）と汎用コンピテンスの質問紙を参考資料として掲載しています。これは学生に対する質問紙の一部です。その他の分野の質問紙はこれまでの報告書に掲載されていますので、HPをご参照ください（http://arinori.hit-u.ac.jp/project）。

### 【専門コンピテンス】（経済学、一部のみ）

以下は、経済学の分野において、就職を前に大学（学部）の卒業生に備わっていることが期待される能力や知識を示しています。仕事を行う上で、それぞれがどの程度重要であると思われるか、重要度をお答え下さい。また、それぞれがどの程度習得できているとお考えか、習得度をお答え下さい。

| 各コンピテンスの重要度および習得度について、数字を1つ選んで○で囲んで下さい | 重要度<br>低　→　高 | 習得度<br>低　→　高 |
|---|---|---|
| 経済モデルを理解し、数式やグラフを用いて説明できる | 1　2　3　4 | 1　2　3　4 |
| 経済学で用いられる数学的解法（ラグランジュ乗数法など）を理解できる | 1　2　3　4 | 1　2　3　4 |
| 経済システムが歴史的にどのような過程を経て形成されたのか理解できる | 1　2　3　4 | 1　2　3　4 |

### 【汎用コンピテンス】（一部のみ）

以下は、就職を前に大学（学部）の卒業生に備わっていることが期待される汎用的な能力や知識を示しています。仕事を行う上で、それぞれがどの程度重要であると思われるか、重要度をお答え下さい。また、それぞれがどの程度習得できているとお考えか、習得度をお答え下さい。

| 各コンピテンスの重要度および習得度について、数字を1つ選んで○で囲んで下さい | 重要度<br>低　→　高 | 習得度<br>低　→　高 |
|---|---|---|
| 抽象的な理論や概念を使って、物事を考え、分析し、まとめることができる | 1 2 3 4 | 1 2 3 4 |
| 実際の状況に知識を適用することができる | 1 2 3 4 | 1 2 3 4 |
| 時間を管理しつつ、物事を計画的に進めることができる | 1 2 3 4 | 1 2 3 4 |

**注**

1 　教育改革推進懇話会は、高度なグローバル人材の育成に向けた総合的な教育改革をすみやかに推進するための話し合いの場として、東京大学の呼びかけのもと、2012年5月に発足した協議体の名称です。同懇話会は、国立大学10校（北海道、東北、筑波、東京、東京工業、一橋、名古屋、京都、大阪、九州）と私立大学2校（早稲田、慶應義塾）を中心に構成されています。

2 　ただし、それらのうち、第2回調査で回答者の少なかった地球科学・企業人、機械工学・卒業生のデータは、後述するように、対象者別の分析では除いています。

3 　なお、ここでの有効回答数は、回収票の数ではなく、専門コンピテンスに対する回答が有効であった者の数を意味します。以下、第2回・3回調査でも同様です。有効回答であるか否かの基準としては、例えば、第3回調査では、専門コンピテンス／汎用コンピテンス、重要度／習得度の組合せによる4つのパートいずれかのうち、該当する質問項目の半数以上に回答があった場合を有効としました。ただし、各パートの半数以上の項目に回答があったとしても、すべての回答が同じ（分散が0）である場合は、無気力回答と判断し、無効としました。そのため、ここに記載されている人数以上の方々がこの調査にご協力いただいています。

4 　チューニング・アカデミー（Tuning Academy）は、高等教育における学習の質、教授と評価の発展・強化のための拠点として組織されており、その発端は2000年にデウスト大学（スペイン）とフローニンゲン大学（オランダ）との密接な協力と指導のもと実施された大規模チューニング・プロジェクトにあります。現在、世界の様々な地域に情報拠点を設け、コンピテンスに関わる調査研究やその成果の公表を行っています。詳しくは、下記URLをご覧ください。http://tuningacademy.org/

# 第3章　日本の大学で習得された、もしくは重要だと考えられている専門コンピテンス

　第3章では、まず初めに全体の結果を見て、次に分野別の結果を見ます。分野別の分析では、どのような専門コンピテンスが重要だと考えられているのか、もしくは習得されていると考えられているのかを見ます。具体的には下の4つの項目について説明します。なお物理学、化学、土木工学では習得度に関する情報が無いので、重要度についてのみ説明します。3章では全対象者（学生、教員、卒業生、企業人）および全大学をまとめた結果を示しています。対象者別、大学別の結果はそれぞれ4章と5章で説明します。

1. コンピテンスの重要度
2. コンピテンスの習得度
3. 重要な割に習得されていないコンピテンス
　　重要度から習得度を差し引いた時の差分の大きいコンピテンスを、重要な割に習得されていないコンピテンスと考えます。
4. 重要なコンピテンスと習得されたコンピテンスとの関係（重要だと考えられるコンピテンスほど習得されているのか）
　　各分野の分析で示す棒グラフは重要度が高い順に上から並んでいます。重要だと考えられているコンピテンスほど習得されたのであれば、習得度の棒グラフも高い順に上から並ぶはずです。習得度が下にいくほど下がっていくのかどうか分かりづらい場合は、相関係数[1]を基に重要度と習得度の間の関係の近さを考えます。

## 1 全体の分析

まず、専門コンピテンスと汎用コンピテンスの得点を分野別にまとめた結果を**表3-1**に示します。ここで示すように、異なる分野の専門コンピテンスを比べることはできるのでしょうか。例えば経済学と物理学の専門コンピテンスは、当たり前ですが、非常に異なっています。社会科学に分類される経済とビジネスにしても、似ているところはあっても、やはり異なる部分も多々あります。いわゆる、リンゴとみかんを比べる、つまり比べられないものを比べているという印象は免れません。

しかし、それぞれの専門分野のコンピテンスは、第1章で述べたように「学問を学んだ学生が身に付けてほしい水準の知識や技術」の全体を表している、と考えることもできます。すなわち細かい個別の中身がどうあれ、コンピテンス全体では大学で身に付けるべき内容を表していると捉えられます。そうすれば、専門コンピテンスの重要度や習得度を経済学と物理学などの異なる分野間で比べることもできそうです。もっとも専門コンピテンスの内容や作り方に影響されることも大きいので、分野間の厳密な比較は難しいことも頭の片隅に入れておく必要があります。

それでは各分野の得点を見てみましょう。まず気が付くのは低く評価されている分野であり、一部例外はありますが、対象者全体（2.79）においても個別対象者別に見ても経済学です。経済学では重要度も習得度も他の分野よりも低く評価されています。自然科学の中で重要度を見ると、地球科学がやや高く（3.25）、土木工学（3.09）や物理学（3.11）が相対的に低いことが分かります。もっとも自然科学の場合は差も大きくないことが分かります。

その他に気が付くのは、専門コンピテンスの重要度における学生・教員と卒業生・企業人の違いです。専門コンピテンスの評価は、学生・教員の方が卒業生・企業人の評価よりもおおむね高く、人文社会（経済学・歴史学）の方が、自然科学よりも高いことが分かります。もっとも人文社会とは言っても企業活動を対象とした学問であるビジネスは、自然科学と同様の水準です。この辺りは、学問と経済活動の近さに関連するのかもしれません。

第3章　日本の大学で習得された、もしくは重要だと考えられている専門コンピテンス　39

表3-1　分野別の平均値と分散

平均値

|  | 重要度 | | | | | 習得度 | | | | |
|---|---|---|---|---|---|---|---|---|---|---|
|  | 全体 | 学生 | 教員 | 卒業生 | 企業人 | 全体 | 学生 | 教員 | 卒業生 | 企業人 |
| 経済学 | 2.79 | 2.90 | 2.98 | 2.65 | 2.22 | 2.11 | 2.11 | 2.11 | 2.16 | 1.89 |
| ビジネス | 3.04 | 3.20 | 3.11 | 2.93 | 2.77 | 2.34 | 2.42 | 2.49 | 2.28 | 2.17 |
| 歴史学 | 3.12 | 3.33 | 3.22 | 2.68 | 2.32 | 2.38 | 2.44 | 2.63 | 2.19 | 1.84 |
| 地球科学 | 3.25 | 3.28 | 3.20 | 3.30 | 2.56 | 2.45 | 2.48 | 2.41 | 2.42 | 2.52 |
| 機械工学 | 3.15 | 3.23 | 3.11 | 2.91 | 2.74 | 2.27 | 2.27 | 2.48 | 2.32 | 2.04 |
| 物理学 | 3.11 | 3.14 | 3.10 | 3.02 | 2.54 | | | | | |
| 化学 | 3.22 | 3.26 | 3.20 | 3.24 | 2.63 | | | | | |
| 土木工学 | 3.09 | 3.16 | 3.10 | 3.00 | 2.75 | | | | | |
| 汎用 | 3.35 | 3.36 | 3.26 | 3.36 | 3.27 | 2.76 | 2.79 | 2.66 | 2.77 | 2.60 |

分　散

|  | 重要度 | | | | | 習得度 | | | | |
|---|---|---|---|---|---|---|---|---|---|---|
|  | 全体 | 学生 | 教員 | 卒業生 | 企業人 | 全体 | 学生 | 教員 | 卒業生 | 企業人 |
| 経済学 | 0.89 | 0.79 | 0.76 | 1.02 | 0.88 | 0.79 | 0.80 | 0.66 | 0.84 | 0.62 |
| ビジネス | 0.76 | 0.60 | 0.60 | 0.89 | 0.77 | 0.83 | 0.86 | 0.65 | 0.85 | 0.63 |
| 歴史学 | 0.87 | 0.63 | 0.66 | 1.12 | 1.07 | 0.86 | 0.80 | 0.89 | 0.91 | 0.71 |
| 地球科学 | 0.60 | 0.61 | 0.50 | 0.62 | 0.67 | 0.76 | 0.82 | 0.58 | 0.80 | 0.57 |
| 機械工学 | 0.70 | 0.67 | 0.63 | 0.94 | 0.70 | 0.78 | 0.82 | 0.73 | 0.99 | 0.45 |
| 物理学 | 0.81 | 0.80 | 0.71 | 0.89 | 1.06 | | | | | |
| 化学 | 0.71 | 0.67 | 0.65 | 0.78 | 1.11 | | | | | |
| 土木工学 | 0.74 | 0.68 | 0.65 | 0.81 | 1.05 | | | | | |
| 汎用 | 0.59 | 0.58 | 0.60 | 0.63 | 0.59 | 0.75 | 0.76 | 0.60 | 0.79 | 0.60 |

## 2　分野別の分析

### 経済学

#### 1　コンピテンスの重要度

　　重要度が高いと考えられているコンピテンスは、具体的には、社会生活へ

の専門知識の応用（経済記事の批判的議論）、統計データの理解や収集加工、経済知識の直感的な説明に関連するコンピテンスです。重要度が低いと考えられているのは、英語を中心とした外国語を用いた発表と読解に関連するコンピテンスです。また数学的解法の理解や古典を参照した議論の実施も含まれます。

### 2　コンピテンスの習得度

習得度が高いと考えられているのは、重要度が高いと考えられているコンピテンスと共通します。経済記事の批判的議論、統計データの理解や収集加工、そして経済知識の直感的および数式等を用いた説明に関連するコンピテンスです。習得度が低いと考えられているのは、やはり重要度が低いと考えられているコンピテンスと同様に、英語を中心とした外国語による発表と読解に関連するコンピテンスです。英語の発表（執筆や議論）は読解よりも習得度が低いと考えられています。

### 3　重要な割に習得されていないコンピテンス

重要な割に習得されていないのは、英語による発表および読解、金融・資本市場の理解、そして統計データの収集と加工に関連するコンピテンスです。

### 4　重要度と習得度の関係

重要度はグラフの下の方に行くほどゆるやかに減少します。習得度も、グラフの下に行くほどやや減少するようにも見えますが波のような増減も繰り返しています。英語による発表や論文執筆に関連するコンピテンスは特に低い値を示しています。重要度と習得度の相関係数は 0.82 であり、強い相関を示します。よって、重要度が高いコンピテンスほど習得度も高いことが分かります。

## ビジネス

### 1　コンピテンスの重要度

重要度が高いと考えられているのは、ビジネス活動に関連した情報の理解

第3章　日本の大学で習得された、もしくは重要だと考えられている専門コンピテンス　41

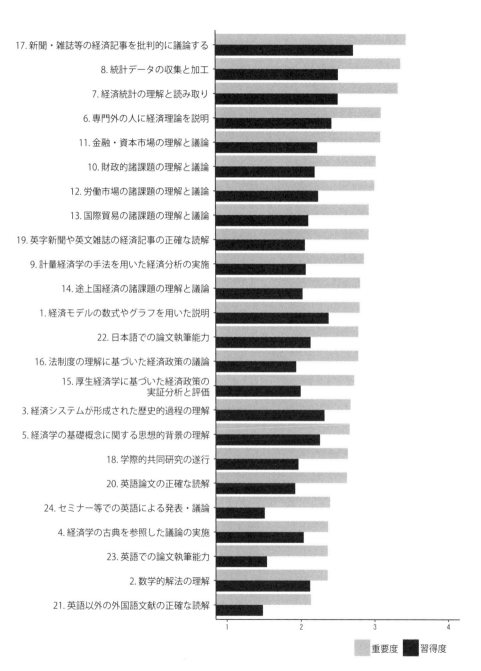

図3-1　経済学コンピテンス認識の平均

や、データ収集と加工や仕事の段取りなどの実際の活動に関連するコンピテンスです。問題の特定と代替・解決も重要だと考えられています。重要度が低いと考えられているのは、英語読解や企業活動の考察、ビジネスの統計分析に関連するコンピテンスです。

## 2　コンピテンスの習得度

　習得度が高いと考えられているのは、重要度が高いコンピテンスと共通するものもあります。ビジネス活動に関連したメディア情報の理解やデータ収集と加工など、情報の読み取りや活用に関連するコンピテンスです。また仕事の段取りなどの実際の活動や、企業の人間行動および組織理解など特定の企業要素の理解や考察も含まれます。習得度が低いと考えられているのは、英語による読解や口頭コミュニケーションに関連するコンピテンスです。企業投資や価値評価に基づく考察、多様な視点からのコンサルティングの提案、ビジネスの統計分析も含まれます。統計データの理解や収集加工」は経済学では重要かつ習得されていると考えられていました。ビジネスは経済学と比較的近い領域であると考えられますが、なぜ「ビジネスの統計分析」の重要度も習得度も低いと捉えられているのでしょうか。この辺りは参加大学のディプロマ・ポリシーや教育内容も調べないと何とも言えませんが、興味深い点です。

## 3　重要な割に習得されていないコンピテンス

　重要な割に習得されていないのは、ビジネスに関する英語での口頭コミュニケーションに関連するコンピテンスです。問題の特定と代替・解決に関連するコンピテンスが続きます。

## 4　重要度と習得度の関係

　習得度の並びは凸凹を含みながらも重要度の並びのように高い順から並んでいるような傾向を示します。重要度と習得度の相関係数は 0.75 と強い相関を示します。よって、重要なコンピテンスほど習得されていると言えます。

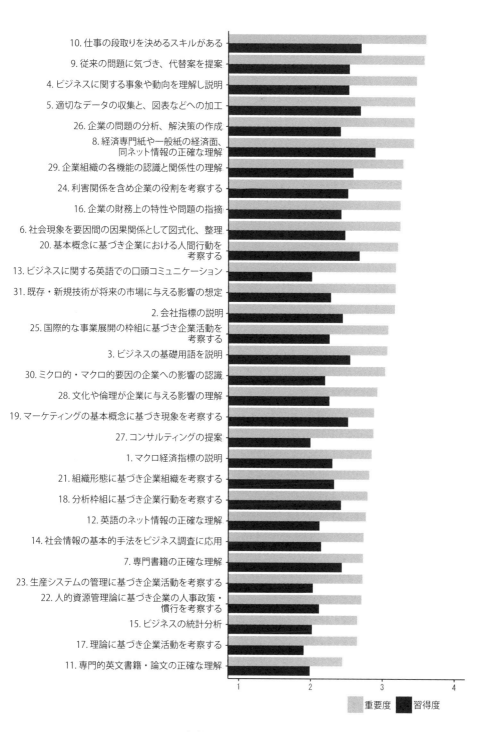

図 3-2 ビジネスコンピテンス認識の平均

## 歴史学

**1 コンピテンスの重要度**

　重要度が高いと考えられているのは、社会生活への知識の適用、歴史に関連する複数視点の理解や批判的考察、文献を含めた情報の利用に関連するコンピテンスです。重要度が低いと考えられているのは、外国語を用いた読解や議論に関連するコンピテンスです。また学際的な研究活動やコミュニティ活動など、歴史教育の応用的内容も重要度が低いと考えられています。

**2 コンピテンスの習得度**

　習得度が高いと考えられているコンピテンスの上位4つは、順番こそ違いますが、重要度が高いと考えられているコンピテンスの上位4つと同じです。社会生活への知識の適用、歴史に関連する複数視点の理解や批判的考察、情報の利用に関連するコンピテンスです。習得度の低い下位6つは、順番こそ違いますが、重要度の低いコンピテンスの下位6つと同じです。外国語を用いた読解や議論、研究活動やコミュニティ活動など、歴史教育の応用的内容などです。

**3 重要な割に習得されていないコンピテンス**

　重要な割に習得されていないコンピテンスの上位に位置づくのは、他分野との共同や他分野の応用、外国語の活用、研究など、従来の歴史教育の枠を超えていると考えられるコンピテンスです。

**4 重要度と習得度の関係**

　習得度の並びは凸凹を含みながらも高い順から並んでいるような傾向を示します。重要度と習得度の相関係数は0.87と強い相関を示します。これは重要度と習得度の相関係数を求めた5分野の中で最も高い値です。歴史学では、重要なコンピテンスほど習得されていると考えられます。

第 3 章　日本の大学で習得された、もしくは重要だと考えられている専門コンピテンス　45

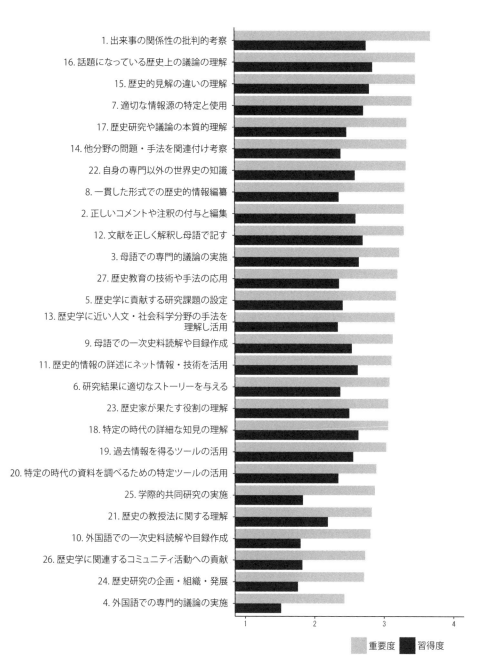

図 3-3　歴史学コンピテンス認識の平均

### 地球科学

**1　コンピテンスの重要度**

　　重要度が高いと考えられているのは、観察に基づいた研究の問いを持つことや研究の説明に関連するコンピテンスです。また専門領域内外を自ら学ぶことも重要だと認識されています。重要度が低いと考えられているのは、関連分野の最新の研究の把握や、現象の解釈、技術革新・開発につながる応用的な知見を持つことに関連するコンピテンスです。

**2　コンピテンスの習得度**

　　習得度が高いと考えられているのは、分野の基礎的な理解や学習態度（情報の入手や基礎的な知識を理解すること、自ら学び専門分野を深めること）および、社会とのかかわりに関連するコンピテンス（倫理や社会的問題の把握および日常生活への応用）です。習得度が低いと考えられているのは、外国語による議論、リーダーシップ、新たな価値創造、そして数学・数理的手法の活用に関連するコンピテンスです。

**3　重要な割に習得されていないコンピテンス**

　　重要な割に習得されていないコンピテンスは、地球科学についての外国語での議論、分野内外の研究者との共同（共同研究におけるリーダーシップも含む）、技術革新・開発につながる応用的な知見を持つことに関連するコンピテンスです。

**4　重要度と習得度の関係**

　　習得度の並びは必ずしもの重要度の高い順からの並びに沿っているようには見えません。例えばコンピテンス番号25「地球科学の話題についての母語以外の言語での議論」は、重要度平均が3を超え中位に位置付きますが、習得度は最も低い値を示します。重要度と習得度の相関係数は0.65であり、中程度の相関が見られます。よって、他分野ほどではありませんが、重要なコンピテンスほど習得されている傾向がうかがえます。

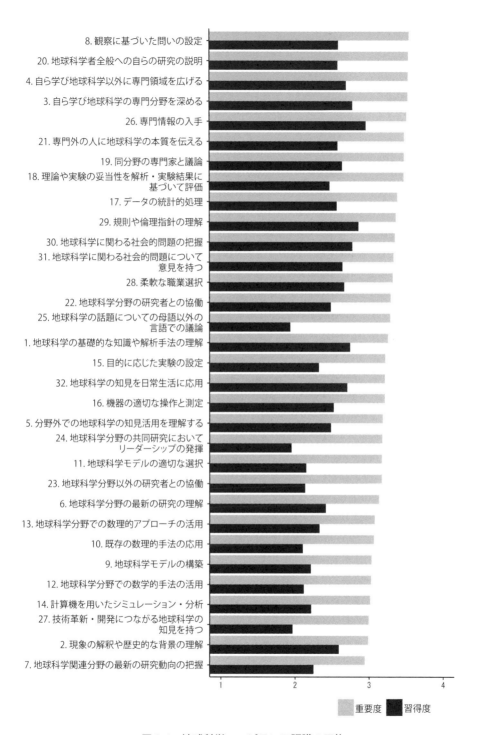

図 3-4 地球科学コンピテンス認識の平均

## 機械工学

**1 コンピテンスの重要度**

　重要度が高いと考えられているのは、知識の適用や、製品発想から試作までのコンピテンスです。その他には応用的な内容である、技術開発に貢献するスキル、安全リスク管理、適切な技術の選定などが含まれます。重要度が低いと考えられているコンピテンスは、応用的なコンピテンスです。例えば品質管理技術、法的・経済的・財務的側面からの検討、天然資源の活用、海外での研究に関連するコンピテンスです。

**2 コンピテンスの習得度**

　習得度が高いと考えられているのは、技術やソフトおよびツールなどの利用に関連するコンピテンスです。重要度が高いと考えられているコンピテンスと同様に、知識の適用や、製品発想から試作までのコンピテンスも上位に位置づきます。習得度が低いと考えられているのは、重要度が低いと考えられているコンピテンスとほぼ同じです。順番は違いますが、重要度と習得度の下位5位には同じコンピテンスが含まれます。

**3 重要な割に習得されていないコンピテンス**

　重要な割に習得されていないコンピテンスには、業務で求められるような応用的なコンピテンスが含まれます。例えば、コスト効果に見合った稼働、プロジェクトの法的・経済的・財務的側面からの検討、安全・リスク管理などです。

**4 重要度と習得度の関係**

　グラフからは習得度が徐々に減少する様子が伺えます。相関係数は0.82で強い相関が見られます。よって、重要なコンピテンスほど習得されている傾向がうかがえます。

第 3 章　日本の大学で習得された、もしくは重要だと考えられている専門コンピテンス　49

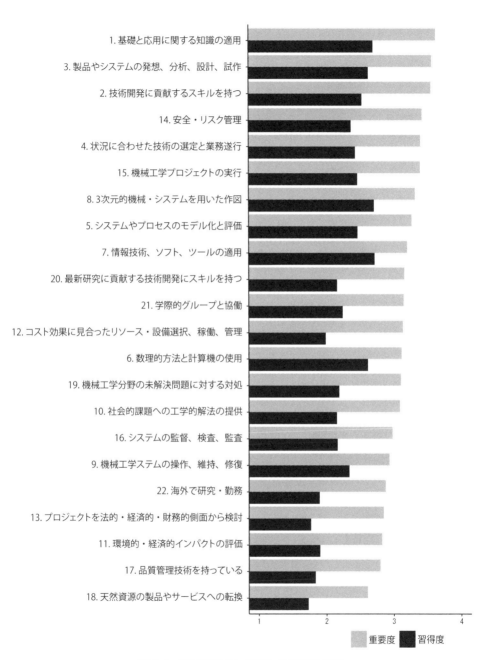

図 3-5　機械工学コンピテンス認識の平均

### 物理学

物理学分野で重要度が高いと考えられているコンピテンスは、自ら学習する能力、物理学を説明する力、物理学の基盤を成す理論の理解、概算評価およびモデル化する能力です。これらは知識を自ら深めつつ周囲に広める力などの汎用コンピテンスに近い内容と、専門知識や技術としての到達基準としての内容に大別されます。

逆に重要度が低いと考えられているのは、教育、学際、絶対基準の認識（物理の天才的発見や理論に精通することによる最高水準を理解する）、職業に関連するコンピテンスです。多くが物理学そのものと言うよりも、関連・応用的コンピテンスと言えます。

### 化学

化学分野で重要度が高いと考えられているコンピテンスは、データ解釈、化学物質の安全に関する知識、科学的な議論に関連するコンピテンスです。逆に重要度が低いと考えられているのは、化学専攻者のキャリアとして考えられる中学・高校での教育、数理計算や最新技術の適用、海外での勉強や仕事に関連するコンピテンスです。

### 土木工学

土木工学で重要度が高いと考えられているのは、最適な技術を選定し遂行することや、基礎と応用に関する知識を適用することです。異分野の人との共同や、仕事上の事故やリスクの防止が続きます。重要度が低いと考えられているコンピテンスは、天然資源の活用、留学、数学的な解析、3次元の表現力などです。

第3章 日本の大学で習得された、もしくは重要だと考えられている専門コンピテンス 51

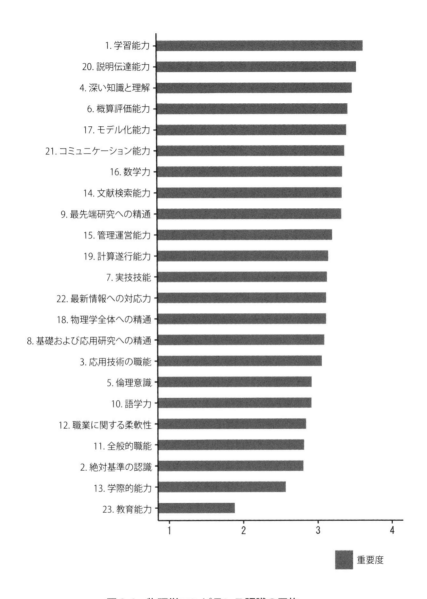

図 3-6 物理学コンピテンス認識の平均

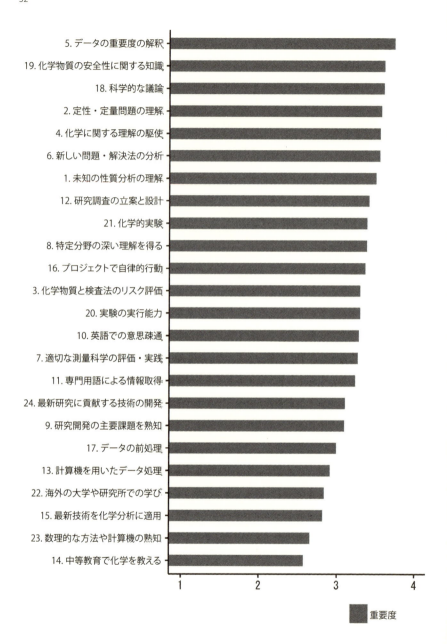

図 3-7　化学コンピテンス認識の平均

第 3 章　日本の大学で習得された、もしくは重要だと考えられている専門コンピテンス　53

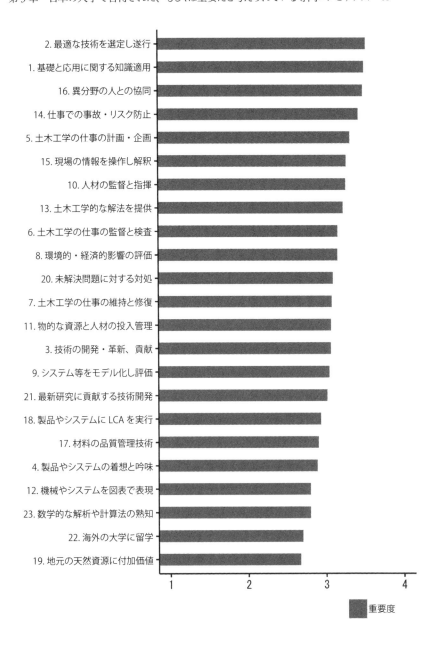

図 3-8　土木工学コンピテンス認識の平均

## 3 まとめ

　重要度と習得度の2つの指標がそろっている5分野について見ると、おおよそ次のような傾向が示されました。まず、重要なコンピテンスと習得されたコンピテンスは正の相関を示しました。このことから、重要だと考えられているコンピテンスほど習得されていると考えられています。重要度・習得度が高いと考えられているのは、専門知識の社会生活への適用に関連するコンピテンスです。他方で、英語・外国語を用いた読解や発表はこれらが低いと考えられています。重要な割に習得されていないコンピテンスは、英語による発表や議論および読解であり、地球科学や機械工学などでは業務で求められるような応用的なコンピテンスです。

**注**

1　相関係数　2つの変数の間にある線形な関係の強弱を表します。相関係数は－1以上1以下の値をとります。相関係数が正のとき変数の間には正の相関が、相関係数が負のときは負の相関が、相関係数が0の時は無相関（＝相関が無い）と見なします。相関係数が正の場合に、0.7以上であれば強い相関が、0.4から0.7未満ならやや相関が、0.2から0.4未満なら弱い相関が、0.2未満であればほとんど相関がないと見なします。

---

### コラム3　専門コンピテンスと大学の国際化

　専門コンピテンスを大学教育に活用するメリットは何でしょうか。1つには、各大学が自身の教育成果を明確にすることで、教育内容を国際的に比べられることです。ヨーロッパのように学生が国を超えて移動することを地域共同体の政策として強力に進めている場合を考えてみてください。留学先候補の大学で何が身に付くのか明示されていれば、学生が教育内容に基づいて留学先の大学を選びやすくなり留学の推進に繋がります（もちろん資金や制度の後ろ盾も必要です）。専門コンピテンスを活用して学習成果を可視化することは、海外からの留学生受け入れ増加を模索している日本の大学にも有用だと考えられます。

　日本の大学は3つのポリシーを策定しています。曰く、アドミッション、カリキュラム、ディプロマ・ポリシーです。このうちディプロマ・ポリシーは「各大学，学部・学科等の教育理念に基づきどのような力を身に付けた者に卒業を認定し，学位

を授与するのかを定める基本的な方針であり，学生の学修成果の目標ともなるもの」と定められています[1]。日本の複数大学の学部ディプロマ・ポリシーを見ると、そこには「当該分野の課題解決を導く力を身につける」などの専門コンピテンスが含まれています。でもディプロマ・ポリシーに述べられているようなコンピテンスは、どのようにして身に付くのか示されてはいません。どのような授業や教育内容を通じてコンピテンスが身に付くのかはブラックボックスです。カリキュラムを見れば分かるのでしょうか。日本国内での威信の高い大学には日本人学生が集まるので、授業履修を通じて得られるコンピテンスが明示されなくても別段問題ないのかもしれません。しかし留学生にとって日本の大学は魅力的に映るでしょうか。

　優れた日本製品が上手くアピールされていないために海外で売れない（というか知られていない）（太田 2013）と言われます。これは、日本の大学にもあてはまりそうです。日本の大学は、海外に向けて、存在をアピールできているでしょうか。Open Doors（2017）によると、2015／2016 年に留学先として日本を選ぶアメリカの学生は全体の 2.2％にすぎません。これは留学先国の 10 位にとどまります。アメリカ人学生にとって、英語圏ではないアジア諸国への留学はハードルが高いそうです。それでも中国は 3.6％（6 位）です。もちろん中国系アメリカ人の多さも関係するのかもしれませんし、市場規模や経済成長などアメリカ人の留学生を引き寄せる力が今の中国にはあるのかもしれません。このデータだけ見ると、アメリカ人学生にとって、日本の大学は必ずしも魅力的な留学先とはとらえられていないようです。ささやかであっても、日本の大学で学ぶとどのような力がつくのか分かりやすく示すことは、教育内容をさらに拡充することと併せて、留学生へのアピールにつながることが期待されます。

注
1 「卒業認定・学位授与の方針」（ディプロマ・ポリシー），「教育課程編成・実施の方針」（カリキュラム・ポリシー）及び「入学者受入れの方針」（アドミッション・ポリシー）の策定及び運用に関するガイドライン平成28年3月31日　中央教育審議会大学分科会大学教育部会 http://www.mext.go.jp/b_menu/shingi/chukyo/chukyo4/houkoku/__icsFiles/afieldfile/2016/04/01/1369248_01_1.pdf

# 第4章　対象者間の違い：
## 企業人の認識は大学関係者とどのように違うのか

　第3章では、専門コンピテンスの重要度、習得度それぞれについて、専門分野別に全体の傾向を示しました。

　第4章では、各対象者のコンピテンス認識は、どのような点で一致しており、どのような点でズレがあるのかを明らかにします。特に企業人のコンピテンス認識が、他の大学関係者たちとどのように異なっているのかに着目して、専門分野ごとの傾向を見ていきます。「はじめに」で述べたように、日本企業は大学での教育成果に期待していないと言われることがあります。しかし、企業人と他の大学関係者の認識は果たして大きく違うのでしょうか。あるいは、どこか共通した部分もあるのでしょうか。学生、教員、卒業生、そして企業人の4者を対象とするコンピテンス調査の強みを活かし、本章では、これらの点について詳しく調べていきます。

　以下では、まず第1節で、対象者間の違いのパターンを専門分野で比較し、どの分野で企業人と他の大学関係者の認識が近いのか、遠いのかを考えます。そして、第2節では、対象者間での重要度や習得度の認識差について、8つの専門分野それぞれについて順に検討していきます。

## 1　どの分野で対象者間の認識が近いのか、遠いのか

　はじめに、第1節では、どの分野の、どの対象者間でコンピテンス認識が近いのか、遠いのかについて、相関係数をもとに明らかにします。

　対象者間の相関係数の分野比較の結果は、**図4-1**から**図4-4**に示しています。図4-1が重要度・文系（経済学、ビジネス、歴史学）、**図4-2**が重要度・理系（地球科学、機械工学、物理学、化学、土木工学）、**図4-3**が習得度・文系（経済

学、ビジネス、歴史学）、そして図 4-4 が習得度・理系（地球科学、機械工学）です。図の縦軸は相関係数の値となっており、1 に近くなるほど正の相関が強いことを意味します。分野によっては一部（例えば、図 4-2 の地球科学・学生 – 企業）で棒グラフが表示されていませんが、これは相関係数が 0 という訳ではなく、卒業生／企業人の回答者が少ないことを理由に、分析から除いたためです。

さらに、対象者間の認識の近さ遠さが分野間でどう違うのかを分かりやすくするために、相関係数の値をもとに 8 分野を降順に並べ替えたものが、**表 4-1**（重要度）と**表 4-2**（習得度）です。こちらも参照してください。

① 重要度

まず、重要度について見ていきましょう。

文系 3 分野（図 4-1）については、経済学で、対象者間の相関が全体的に強くなっていることがわかります。ビジネスの場合も、経済学と似た傾向となっています。ただし、学生 – 教員の間の相関が、経済学と比べて、やや弱くなっています。

他方で、社会科学系の経済学やビジネスとは少し傾向が違うのが、人文学系の歴史学です。歴史学では、他の専門分野と比べて、全体的に相関が弱くなっています。特に学生 – 企業人、あるいは教員 - 企業人の相関係数が 0.5 を下回っています。

理系 5 分野は、どうでしょうか。図 4-2 を見ると、地球科学では、他の理系分野と比べて、どの対象者間の相関係数も低くなっています。学生、教員、卒業生それぞれの間での相関係数の値が、すべての分野の中で最も低いことは特徴的です（表 4-1）。それとは反対に、それら大学関係 3 者間の相関が最も強いのが物理学です。化学でも、学生と教員、あるいは教員と卒業生の相関係数が、物理学に次いで高い傾向が見られます。

教員と企業人の相関は、理系のどの分野でも弱くなっています（企業人の回答がない地球科学は除く）。特に物理学や土木工学で相関係数が低く、歴史学と同程度に、教員と企業人の間には認識のズレがあることが見受けられます（表 4-1）。

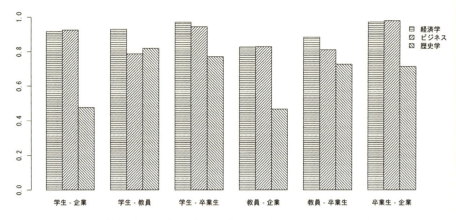

**図 4-1　対象グループ間の相関係数の分野比較**（文系、重要度）

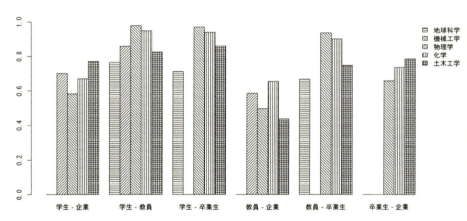

**図 4-2　対象グループ間の相関係数の分野比較**（理系、重要度）

**表 4-1　対象者間の相関係数の分野比較：まとめ**（重要度、降順）

【重要度】

| 順位 | 学生−企業人 | 学生−教員 | 学生−卒業生 | 教員−企業人 | 教員−卒業生 | 卒業生−企業人 |
|---|---|---|---|---|---|---|
| 1 | ビジネス | 物理学 | 物理学 | ビジネス | 物理学 | ビジネス |
| 2 | 経済学 | 化学 | 経済学 | 経済学 | 化学 | 経済学 |
| 3 | 土木工学 | 経済学 | ビジネス | 化学 | 経済学 | 土木工学 |
| 4 | 機械工学 | 機械工学 | 化学 | 機械工学 | ビジネス | 化学 |
| 5 | 化学 | 土木工学 | 土木工学 | 物理学 | 土木工学 | 歴史学 |
| 6 | 物理学 | 歴史学 | 歴史学 | 歴史学 | 歴史学 | 物理学 |
| 7 | 歴史学 | ビジネス | 地球科学 | 土木工学 | 地球科学 | − |
| 8 | − | 地球科学 | − | − | − | − |

## ② 習得度

つぎに、習得度の結果を見てみましょう。文系3分野（図4-3）については、重要度の場合と同じように、経済学では、全体的にどの対象者間でも相関係数が高くなっています。ビジネスの場合、学生−教員、あるいは卒業生−企業人の相関係数は、経済学と同程度ですが、学生−企業人、あるいは教員−企業人の相関は相対的に低くなっています。

歴史学については、学生−教員間の相関係数が 0.8 を上回る一方（経済学やビジネスより高い値）、企業人と他の大学関係者間の相関係数はどれも 0.5 を下回っています。また、表4-2 からわかるように、習得度に関する企業人と他の関係者との相関は、すべての分野の中でも歴史学が最も弱くなっています。

理系2分野（図4-4）はどうでしょうか。まず地球科学について、学生、教員、卒業生間の相関係数を見ると、学生−卒業生が最も高く、学生−教員あるいは教員−卒業生の相関係数はそれと比べると低くなっています。後者（学生−教員、教員−卒業生）の相関係数は、文系・理系すべての分野を通じて最も低い値となっています（表4-2）。機械工学については、学生と企業人、あるいは教員と企業人の相関が、文系・理系すべての分野の中でも、経済学に次いで強くなっており（表4-2）、習得度に対する企業人と学生・教員の認識は比較的近いようです。ただし、学生と教員の相関係数は 0.8 程度と高くはありますが（図4-4）、文系3分野（歴史学、経済学、ビジネス）と比べると低い位置にあります（表4-2）。

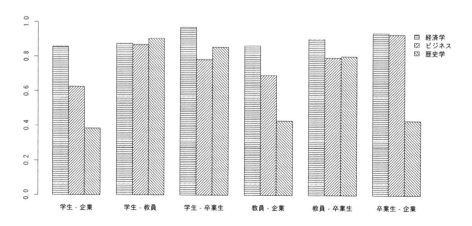

**図 4-3　対象者間の相関係数の分野比較**（文系、習得度）

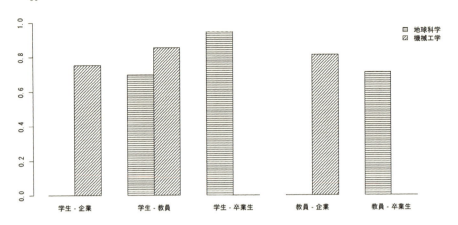

**図 4-4　対象者間の相関係数の分野比較（理系、習得度）**

**表 4-2　対象者間の相関係数の分野比較：まとめ（習得度、降順）**

【習得度】

|   | 学生 – 企業人 | 学生 – 教員 | 学生 – 卒業生 | 教員 – 企業人 | 教員 – 卒業生 | 卒業生 – 企業人 |
|---|---|---|---|---|---|---|
| 1 | 経済学 | 歴史学 | 経済学 | 経済学 | 経済学 | 経済学 |
| 2 | 機械工学 | 経済学 | 地球科学 | 機械工学 | 歴史学 | ビジネス |
| 3 | ビジネス | ビジネス | 歴史学 | ビジネス | ビジネス | 歴史学 |
| 4 | 歴史学 | 機械工学 | ビジネス | 歴史学 | 地球科学 | – |
| 5 | – | 地球科学 | – | – | – | – |

## 2　それぞれの対象者が求めるコンピテンスは何か

　第1節では、対象者間の認識の近さ、遠さについて、専門8分野の比較を行い、それぞれの特徴を紹介しました。

　つづいて第2節では、以上で見てきた専門分野ごとに、特にどういったコンピテンスで対象者間の認識の違いがあるのかを詳しく見ていきます。それぞれの対象者（学生、教員、卒業生、企業人）は、どの専門コンピテンスを重要だと考えているのでしょうか。また、どのコンピテンスが大学教育を通じて習得されているとみなしているのでしょうか。そして、そうした認識に、対象者間で違いはあるので

しょうか。これらの疑問について、ここでは答えていきたいと思います。

そのために、本節では、重要度あるいは習得度が最も高いコンピテンス上位5つを、対象者ごとに取り上げ、そこに何らかの違いがあるのかを検討します。そしてさらに、重要度と習得度の差分が大きいコンピテンスや、対象者間で平均差が大きい／小さいコンピテンスは何かについても紹介します。なお、重要度と習得度の差分が大きいコンピテンスは、重要度に比して習得の度合いが十分ではないものを意味しており、そこに各対象者の大学教育に対するニーズを垣間見ることが出来ると考えられます。

以下、対象8分野について、経済学、ビジネス、歴史学、地球科学、機械工学、物理学、化学、土木工学の順に説明していきます。それぞれの分野について個別に説明を加えていますので、興味のある分野から読み進めていただいても構いません。

ただし、調査参加者の数が少ない（10人に満たない）、地球科学の企業人、機械工学の卒業生については、分析に含まれていませんので、その点はご留意ください。また、第1回（2014年度）調査のデータを使用している、物理学、化学、土木工学の3分野については、重要度のみの検討となっています。

なお、以下、どの分野のパートでもレーダーチャート図が出てきますが、円の外側に記されている数字はコンピテンス項目の番号です。そのため面倒ではありますが、コンピデンス項目の番号と内容の対応について確認したい場合は、第3章（図3-1〜図3-8）を適宜ご参照ください。

## 経済学

### ① 重要度

図4-5のレーダーチャートから、重要度について、対象者間の違いを詳しく見てみましょう。多くのコンピテンス項目で、教員が重要度を高く評価し、企業人が低く評価することがわかります。特に「22．日本語での論文執筆能力」、「20．英語文献の正確な読解」、「2．数学的解法の理解」などで違いが目立っており、平均値が最も高い教員と最も低い企業人の差は1.0を超えています。

それとは反対に、対象者間の違いが小さいのは「16．法制度の理解に基づい

た経済政策の議論」や「17．新聞・雑誌等の経済記事を批判的に議論する」です。

つぎに、特に重要度の高いコンピテンス5つに注目し、対象者間の共通点と相違点を見てみましょう。重要度が高いコンピテンスについては、対象者間でそれほど違いはありません。第3章の全体傾向と同様に、どの対象者でも、「6．専門外の人に経済理論を説明」、「7．経済統計の理解と読み取り」、「8．統計データの収集と加工」、「17．新聞・雑誌等の経済記事を批判的に議論する」が上位に入っています（**表4-3**）。

対象者間の違いとしては、教員が重要だと考えるコンピテンスの第5位に「19．英字新聞や英文雑誌の経済記事の正確な読解」が来ている点が挙げられます。これは、第3章の全体では重要度9位に入っていたコンピテンスです。他方、学生、卒業生、企業人では、それに代わって、「11．金融・資本市場の理解と議論」が上位にランクインしています。

② **習得度**

習得度についてはどうでしょうか。**図4-6**のレーダーチャートから、対象者間の違いを詳しく見てみると、習得度の認識差が大きいコンピテンスはそれほど多くないと言えます。特に対象者間での差が大きいコンピテンスは「22．日本語での論文執筆能力」ですが、平均値の最も高い教員と最も低い企業人の差は0.5程度にとどまっています。それとは反対に、第3章の全体で習得度が下位にあった「23．英語での論文執筆能力」や「16．法制度の理解に基づいた経済政策の実証分析と評価」では、対象者間の差はほとんどありません。どの対象者も同程度に、それら2つのコンピテンスの習得度が低いと考えているようです。

つぎに、特に習得度の高いコンピテンス5つに注目し、対象者間の共通点と相違点を見てみましょう。対象者によって順位に違いはありますが、どの対象者でも共通して、同じコンピテンスが習得度の上位5つに挙がっています（表4-3）。「1．経済モデルの数式やグラフを用いた説明」、「6．専門外の人に経済理論を説明」、「7．経済統計の理解と読み取り」、「8．統計データの収集と加工」、「17．新聞・雑誌等の経済記事を批判的に議論する」です。

### ③ 差　分

　表4-3から差分（重要度−習得度の値）の欄を見ると、対象者によって異なるコンピテンスが上位に入っています。学生の場合、英語に関わるコンピテンスが上位3つを占めるのに対して、教員の場合は、重要度で第4位の「専門外の人に経済理論を説明」で差分が大きく、卒業生では、重要度で第2位の「統計データの収集と加工」で差分が大きくなっています。これらのコンピテンスは重要度に比して習得度が低いと考えられているようです。

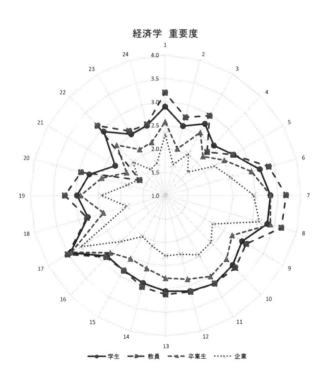

図4-5　コンピテンス項目別に見た重要度の平均値（経済学、対象者別）

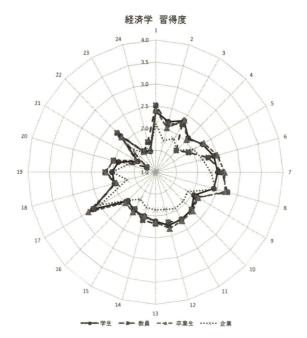

図 4-6　コンピテンス項目別に見た習得度の平均値（経済学、対象者別）

表 4-3　重要度・習得度・差分の平均値上位 5 位（経済学、対象者別）

| 順位 | | 学生 | | 教員 | | 卒業生 | | 企業人 | |
|---|---|---|---|---|---|---|---|---|---|
| | | コンピテンス項目No. | 平均値 | コンピテンス項目No. | 平均値 | コンピテンス項目No. | 平均値 | コンピテンス項目No. | 平均値 |
| 重要度 | 1 | 17 | 3.44 | 7 | 3.67 | 17 | 3.42 | 17 | 3.18 |
| | 2 | 8 | 3.33 | 8 | 3.65 | 8 | 3.41 | 8 | 3.16 |
| | 3 | 7 | 3.32 | 17 | 3.52 | 7 | 3.33 | 7 | 2.96 |
| | 4 | 6 | 3.17 | 6 | 3.37 | 11 | 2.99 | 6 | 2.50 |
| | 5 | 11 | 3.17 | 19 | 3.23 | 6 | 2.98 | 11 | 2.46 |
| 習得度 | 1 | 17 | 2.70 | 8 | 2.76 | 17 | 2.81 | 17 | 2.49 |
| | 2 | 7 | 2.47 | 17 | 2.67 | 8 | 2.70 | 8 | 2.47 |
| | 3 | 6 | 2.42 | 7 | 2.57 | 7 | 2.63 | 7 | 2.30 |
| | 4 | 8 | 2.42 | 1 | 2.51 | 6 | 2.50 | 6 | 2.14 |
| | 5 | 1 | 2.38 | 6 | 2.29 | 1 | 2.41 | 1 | 2.10 |
| 差分 | 1 | 24 | 1.05 | 7 | 1.10 | 16 | 0.74 | 17 | 0.69 |
| | 2 | 23 | 0.98 | 6 | 1.08 | 11 | 0.72 | 8 | 0.68 |
| | 3 | 19 | 0.95 | 23 | 1.05 | 19 | 0.72 | 7 | 0.65 |
| | 4 | 11 | 0.93 | 19 | 1.04 | 6 | 0.70 | 11 | 0.51 |
| | 5 | 13 | 0.93 | 10 | 0.98 | 7 | 0.70 | 10 | 0.49 |

第 4 章　対象者間の違い：企業人の認識は大学関係者とどのように違うのか　65

> ビジネス

① 重要度

　まず、**図 4-7** のレーダーチャートから、重要度について、対象者間の違いを詳しく見てみましょう。多くのコンピテンス項目で、学生・教員と卒業生・企業人の差がひらいていることがわかります。特に「7．専門書籍の正確な理解」、「11．専門的英文書籍・論文の正確な理解」、「14．社会調査の基本的手法をビジネス調査に応用」などで違いが目立っており、卒業生・企業人は学生・教員よりも、それらのコンピテンスを重要視していないようです。これら 3 つは、第 3 章の全体傾向で重要度下位にあったコンピテンスでもあります。

　それとは反対に、「8．経済専門紙や一般紙の経済面、同ネット情報の正確な理解」、「9．従来の問題に気づき、代替案を提案」、「3．ビジネスの基礎用語を説明」などでは、対象者による違いは小さくなっています。

　つぎに、特に重要度の高いコンピテンス 5 つに注目し、対象者間の共通点と相違点を見てみましょう（**表 4-4**）。共通点としては、どの対象者でも、「4．ビジネスに関する事象や動向を理解し説明」と「9．従来の問題に気づき、代替案を提案」の 2 つのコンピテンスが、上位に入っていることが挙げられます。

　対象者間の違いとしては、教員以外で重要度の第 1 位となっており、第 3 章の全体でも第 1 位となっていた「10．仕事の段取りを決めるスキル」が、教員ではランクインしていないことが特徴的です。他方で、企業人と他との違いもあり、企業人以外では「26．企業の問題の分析、解決策の作成」への重要度評価が相対的に高い位置にあることもわかります。

② 習得度

　習得度についてはどうでしょうか。**図 4-8** のレーダーチャートから、対象者間の違いを見ていくと、いくつか認識の差が大きいコンピテンスがあります。例えば、「19．マーケティングの基本概念に基づき現象を考察する」や「18．分析枠組に基づき企業行動を観察する」などの習得度を、企業人は、学生ほどには高く評価してはいないようです。

　それとは反対に、「9．従来の問題に気づき、代替案を提案」、「10．仕事の段

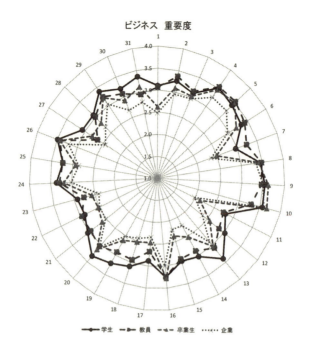

**図 4-7　コンピテンス項目別に見た重要度の平均値**（ビジネス、対象者別）

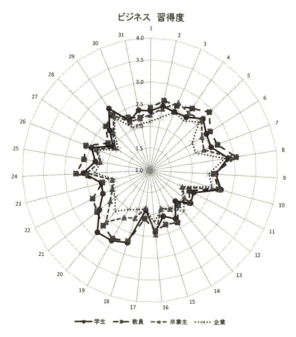

**図 4-8　コンピテンス項目別に見た習得度の平均値**（ビジネス、対象者別）

第4章　対象者間の違い：企業人の認識は大学関係者とどのように違うのか　67

表 4-4　重要度・習得度・差分の平均値：上位 5 位（ビジネス、対象者別）

| 順位 | | 学生 | | 教員 | | 卒業生 | | 企業人 | |
|---|---|---|---|---|---|---|---|---|---|
| | | コンピテンス項目No. | 平均値 | コンピテンス項目No. | 平均値 | コンピテンス項目No. | 平均値 | コンピテンス項目No. | 平均値 |
| 重要度 | 1 | 10 | 3.56 | 4 | 3.54 | 10 | 3.67 | 10 | 3.60 |
| | 2 | 9 | 3.54 | 5 | 3.53 | 9 | 3.63 | 9 | 3.50 |
| | 3 | 4 | 3.51 | 8 | 3.48 | 5 | 3.49 | 8 | 3.34 |
| | 4 | 26 | 3.49 | 9 | 3.46 | 4 | 3.45 | 4 | 3.25 |
| | 5 | 8 | 3.45 | 26 | 3.43 | 26 | 3.43 | 5 | 3.23 |
| 習得度 | 1 | 20 | 2.87 | 8 | 3.05 | 8 | 2.93 | 8 | 2.77 |
| | 2 | 8 | 2.86 | 5 | 2.91 | 10 | 2.71 | 5 | 2.59 |
| | 3 | 19 | 2.83 | 19 | 2.78 | 3 | 2.67 | 10 | 2.51 |
| | 4 | 10 | 2.73 | 24 | 2.73 | 5 | 2.66 | 29 | 2.45 |
| | 5 | 18 | 2.73 | 4 | 2.71 | 4 | 2.59 | 3 | 2.43 |
| 差分 | 1 | 13 | 1.47 | 13 | 1.04 | 26 | 1.08 | 9 | 1.11 |
| | 2 | 27 | 1.04 | 9 | 0.96 | 9 | 1.07 | 10 | 1.08 |
| | 3 | 4 | 1.04 | 16 | 0.85 | 13 | 0.98 | 26 | 0.92 |
| | 4 | 26 | 1.02 | 26 | 0.83 | 10 | 0.96 | 4 | 0.87 |
| | 5 | 30 | 1.00 | 4 | 0.83 | 31 | 0.91 | 20 | 0.83 |

取りを決めるスキルがある」や「12．英語のネット情報の正確な理解」では、対象者間の差がほとんど見られません。

　つぎに、特に習得度の高いコンピテンス 5 つに注目し、対象者間の共通点と相違点を見てみましょう（表 4-4）。習得度については、どの対象者でも共通して、「8．経済専門紙や一般紙の経済面、同ネット情報の正確な理解」が上位（1 位か 2 位）に入っています。また、重要度の場合と同様に、教員以外では、「10．仕事の段取りを決めるスキルがある」もランクインしています。

　しかし、それ以外の点では対象者で違いが見られ、例えば、学生の場合のみ、「20．基本概念に基づき企業における人間行動を考察する」や「18．分析枠組に基づき企業行動を考察する」が上位に入っています。「18．分析枠組に基づき企業行動を考察する」は、第 3 章の全体でそれほど高い順位にありませんでした

が、ここではトップ5入りしています。他方で、教員、卒業生、企業人では、それらに代わり、「5. 適切なデータの取集と、図表などへの加工」の習得度が高くなっています。

### ③ 差　分

表4-4の差分（重要度－習得度の値）の欄を見ると、どの対象者でも、「26. 企業の問題の分析、解決策の作成」がランクインしています。また、学生を除いては、「9. 従来の問題に気づき、代替案を提案」も差分のトップ3に入っています。これらは重要度でも上位にあったコンピテンスです。さらに、「13. ビジネスに関する英語での口頭コミュニケーション」が学生と教員では第1位に、卒業生の場合でも第3位となっており、企業人以外では、英語に関わるコンピテンスの習得が重要度に比して十分ではないと考えられているようです。

## 歴史学

### ① 重要度

図4-9のレーダーチャートから、どのコンピテンスで重要度の対象者間の違いが大きいのかを見てみましょう。図4-9によると、企業人からの評価が低く、教員や学生からの評価が高いコンピテンスが多数あります。特に「12. 文献を正しく解釈し母語で記す」や「2. 正しいコメントや注釈の付与と編集」、「5. 歴史学に貢献する研究課題の設定」などのコンピテンスにはこの傾向が見られます。

それとは反対に、第3章の全体で重要度2位に入っていた「16. 話題になっている歴史上の議論の理解」では、対象者間の差が小さくなっています。

つぎに、特に重要度の高いコンピテンス5つに注目し、対象者間の共通点と相違点を見てみましょう（表4-5）。共通点としては、どの対象者も、「1. 出来事の関係性の批判的考察」を最も重要度の高いコンピテンスと考えていることが挙げられます。また、学生を除いては、「15. 歴史的見解の違いを理解」や「16. 話題になっている歴史上の議論の理解」も上位に入っています。

他方で、学生と教員のみ、「2. 正しいコメントや注釈の付与と編集」、「12. 文献を正しく解釈し母語で記す」がランクインし、企業人ではそれらに代わって「14.

他分野の問題・手法を関連付け考察」、「27．歴史教育の技術や手法の応用」が第3位と4位に来ているなど、対象者間での違いも見受けられます。

② 習得度

　習得度についてはどうでしょうか。**図 4-10** のレーダーチャートから、対象者間の違いを詳しく見てみると、おもに以下の項目で企業人からの習得度評価が低いことがわかります。「12．文献を正しく解釈し母語で記す」、「2．正しいコメントや注釈の付与と編集」、「9．母語での一次史料読解や目録作成」、「5．歴史学に貢献する研究課題の設定」など、研究に関わるようなコンピテンスです。

　それとは反対に、「4．外国語での専門的議論の実施」や「24．歴史研究の企画・組織・発展」では、対象者間の違いは小さくなっています。いずれのコンピテンスも、第3章の全体で習得度が下位トップ2に入っていたコンピテンスです。

　つぎに、特に習得度の高いコンピテンス5つに注目し、対象者間の共通点と相違点を見てみましょう（表 4-5）。習得度では、どの対象者も異なるコンピテンスを第1位に挙げています。具体的には、学生は「3．母語での専門的議論の実施」、教員は「12．文献を正しく解釈し母語で記す」、卒業生は「7．適切な情報源の特定と使用」、そして企業人は「1．出来事の関係性の批判的検討」（重要度でも第1位）を、最も（平均的に）高く習得されているコンピテンスだと考えています。対象者によるこのような違いがあるため、これらのコンピテンスはいずれも第3章の全体で習得度1位にも2位にも入っておらず、3位から6位になっています。ただし、第1位以外では、対象者間で共通して上位に来るコンピテンスもあります。第3章の全体で習得度1位であり、重要度でも上位であった「16．話題になっている歴史上の議論の理解」は、全ての対象者で第2位か第3位に入っています。

③　差　分

　**表 4-5** から差分（重要度−習得度の値）の欄を見ると、学生では「25．学際的共同研究の実施」が第1位ですが、教員と卒業生では、重要度で第1位であった「1．出来事の関係性の批判的考察」、企業人では「11．歴史的情報の詳述にネット情報・技術を活用」が最上位となっています。また、企業人の場合、学生が習得度の第1位に挙げる「3．母語での専門的議論の実施」が、差分の第

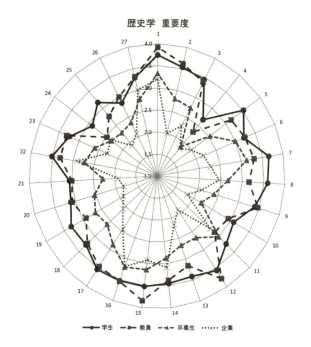

**図 4-9　コンピテンス項目別に見た重要度の平均値**（歴史学、対象者別）

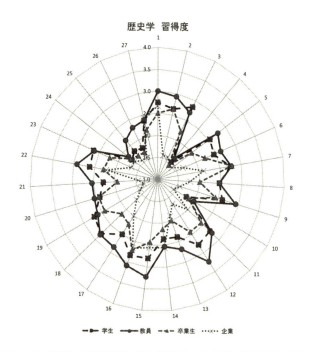

**図 4-10　コンピテンス項目別に見た習得度の平均値**（歴史学、対象者別）

表 4-5　重要度・習得度・差分の平均値：上位5位（歴史学、対象者別）

| 順位 | | 学生 | | 教員 | | 卒業生 | | 企業人 | |
|---|---|---|---|---|---|---|---|---|---|
| | | コンピテンス項目No. | 平均値 | コンピテンス項目No. | 平均値 | コンピテンス項目No. | 平均値 | コンピテンス項目No. | 平均値 |
| 重要度 | 1 | 1 | 3.75 | 1 | 3.92 | 1 | 3.33 | 1 | 3.20 |
| | 2 | 7 | 3.66 | 15 | 3.85 | 16 | 3.20 | 16 | 3.18 |
| | 3 | 8 | 3.60 | 12 | 3.77 | 7 | 3.13 | 14 | 3.09 |
| | 4 | 12 | 3.55 | 2 | 3.62 | 15 | 3.13 | 27 | 3.00 |
| | 5 | 2 | 3.54 | 16 | 3.54 | 6 | 3.00 | 15 | 2.91 |
| 習得度 | 1 | 3 | 2.85 | 12 | 3.23 | 7 | 2.79 | 1 | 2.67 |
| | 2 | 16 | 2.83 | 15 | 3.23 | 16 | 2.71 | 16 | 2.67 |
| | 3 | 15 | 2.80 | 16 | 3.08 | 2 | 2.64 | 14 | 2.56 |
| | 4 | 18 | 2.80 | 1 | 3.00 | 1 | 2.50 | 15 | 2.56 |
| | 5 | 12 | 2.77 | 2 | 2.92 | 9 | 2.43 | 27 | 2.44 |
| 差分 | 1 | 25 | 1.33 | 1 | 0.92 | 1 | 0.83 | 11 | 0.73 |
| | 2 | 10 | 1.29 | 10 | 0.92 | 6 | 0.79 | 3 | 0.72 |
| | 3 | 4 | 1.15 | 27 | 0.92 | 14 | 0.72 | 24 | 0.70 |
| | 4 | 24 | 1.15 | 14 | 0.85 | 15 | 0.69 | 22 | 0.69 |
| | 5 | 8 | 1.13 | 2 | 0.69 | 8 | 0.67 | 8 | 0.68 |

2位となっており、重要度に比して習得が十分ではないコンピテンスとして考えられています。さらに、学生では、差分の第2位に「10. 外国語での一次史料読解や目録作成」、第3位に「4. 外国語での専門的議論の実施」がランクインしていますが、卒業生や企業人ではそれらは入っておらず、対象者間で重要度に比して習得度が低いと考えられるコンピテンスには違いがあることがわかります。

### 地球科学（企業人除く）

#### ① 重要度

図4-11のレーダーチャートから、重要度について、どのコンピテンスで対象者間の違いが大きいかを見てみましょう。図4-11によると、企業人のデータが含ま

れないこともあり、いずれの項目においても対象者間での違いはそれほど大きくないことがわかります。特に「2. 現象の解釈や歴史的な背景の理解」、「13. 地球科学分野での数理的アプローチの活用」、「11. 地球科学モデルの適切な選択」では、対象者間の違いはほとんど見られません。これらのコンピテンスは、第3章の全体ではどちらかというと重要度下位に入っていたコンピテンスであり、どの対象者もこれらをあまり重要だと考えていないのかもしれません。

つぎに、特に重要度の高いコンピテンス5つに注目し、対象者間の共通点と相違点を見てみましょう（表4-6）。共通点としては、どの対象者でも、「8. 観察に基づいた問いの設定」と「20. 地球科学者全般への自らの研究の説明」が重要度の上位5つに入っていることが挙げられます。これらは、第3章の全体で重要度の第1位と第2位でした。また、学生と教員では、全体で第4位であった「3. 自ら学び地球科学の専門分野を深める」が、教員と企業人では、全体で第3位であった「4. 自ら学び地球科学以外に専門領域を広げる」が上位に入っています。

他方で、学生では「19. 同分野の専門家と議論」と「18. 理論や実験の妥当性を解析・実験結果に基づいて評価」が重要度の第1位、2位を占めていますが、教員や卒業生でそれらは第5位までにランクインしていないなど、対象者間で違いも見受けられます。こうした違いを反映してか、これら2つのコンピテンスは、第3章の全体でトップ10入りはしていますが、トップ5には入って来ませんでした。

② 習得度

習得度についてはどうでしょうか。図4-12のレーダーチャートから、どのコンピテンスで対象者間の違いが大きいかを見てみると、重要度と同様に、あまり違いが大きい項目はありませんでした。特に対象者間での差が大きいコンピテンスは「4. 自ら学び地球科学以外に専門領域を広げる」ですが、平均値が最も高い卒業生と最も低い教員の差は0.5程度にとどまっています。それに対して、「32. 地球科学の知見を日常生活に応用」、「16. 機器の適切な操作と測定」、「19. 同分野の専門家と議論」や「29. 規則や倫理指針の理解」では、対象者間での習得度認識の違いは0.1以下であり、ほとんど見られません。

つぎに、特に習得度の高いコンピテンス5つに注目し、対象者間の共通点と相違点を見てみましょう（表4-6）。習得度では、どの対象者でも共通して、「26. 専

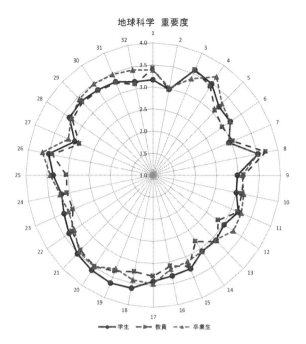

**図 4-11　コンピテンス項目別に見た重要度の平均値**（地球科学、対象者別）

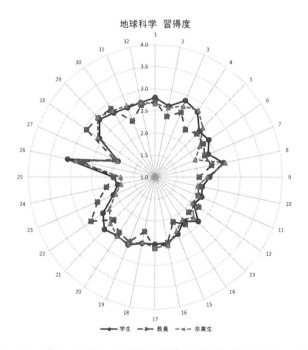

**図 4-12　コンピテンス項目別に見た習得度の平均値**（地球科学、対象者別）

表4-6 重要度・習得度・差分の平均値：上位5位（地球科学、対象者別）

| | 順位 | 学生 | | 教員 | | 卒業生 | |
|---|---|---|---|---|---|---|---|
| | | コンピテンス項目No. | 平均値 | コンピテンス項目No. | 平均値 | コンピテンス項目No. | 平均値 |
| 重要度 | 1 | 19 | 3.64 | 8 | 3.71 | 4 | 3.68 |
| | 2 | 18 | 3.60 | 3 | 3.58 | 26 | 3.66 |
| | 3 | 20 | 3.59 | 20 | 3.48 | 8 | 3.51 |
| | 4 | 3 | 3.59 | 1 | 3.42 | 20 | 3.49 |
| | 5 | 8 | 3.52 | 4 | 3.42 | 30 | 3.49 |
| 習得度 | 1 | 26 | 3.09 | 28 | 2.93 | 29 | 2.91 |
| | 2 | 3 | 2.88 | 29 | 2.90 | 26 | 2.89 |
| | 3 | 29 | 2.84 | 30 | 2.86 | 4 | 2.82 |
| | 4 | 1 | 2.80 | 22 | 2.80 | 30 | 2.80 |
| | 5 | 4 | 2.78 | 26 | 2.76 | 31 | 2.74 |
| 差分 | 1 | 25 | 1.36 | 8 | 1.35 | 25 | 1.62 |
| | 2 | 24 | 1.30 | 4 | 1.13 | 24 | 1.41 |
| | 3 | 23 | 1.20 | 15 | 1.13 | 12 | 1.22 |
| | 4 | 18 | 1.08 | 9 | 1.10 | 27 | 1.21 |
| | 5 | 27 | 1.05 | 25 | 1.07 | 23 | 1.15 |

門的情報の入手」や「29．規則や倫理指針の理解」が上位に入っています。また、学生と卒業生では「4．自ら学び地球科学以外に専門領域を広げる」、教員と卒業生では「30．地球科学に関わる社会的問題の把握」が、それぞれランクインしています。第3章の全体では、「4．自ら学び地球科学以外に専門領域を広げる」は第7位、「30．地球科学に関わる社会的問題の把握」は第4位でした。

他方で、対象者ごとに異なるコンピテンスが、習得度の上位にランクインしています。具体的には、学生では「3．自ら学び地球科学の専門分野を深める」が第2位（重要度でも第4位）、「1．地球科学の基礎的な知識や解析手法の理解」が第4位に挙がっていますが、教員では「28．柔軟な職業選択」が第1位、「22．地球科学分野の研究者との協働」が第4位となっています。第3章の全体では「28．柔軟な職業選択」が第8位、「22．地球科学分野の研究者との協働」が

第 18 位であったため、教員の習得度認識は全体の傾向と大きく違っているようです。また、卒業生では、習得度の第 5 位に「31．地球科学に関わる社会的問題について意見を持つ」が来ています。これは第 3 章の全体では習得度 9 位のコンピテンスでした。

③ 差　分

表 4-6 から差分（重要度－習得度の値）の欄を見ると、どの対象者でも、「25．地球科学の話題についての母語以外の言語での議論」がトップ 5 に入っています。つまり、英語での専門的議論のコンピテンスについては、その重要度に比して習得は十分でないと、どの対象者も考えているようです。また、学生と卒業生では、「23．地球科学分野以外の研究者との協働」や「24．地球科学分野の共同研究においてリーダーシップの発揮」も共通してランクインしています。しかし、教員の場合、学生や卒業生ではランクインしていないコンピテンス（「8．観察に基づいた問いの設定」、「4．自ら学び地球科学以外に専門領域を広げる」、「15．目的に応じた実験の設計」、「9．地球科学モデルの構築」）が、重要度と習得度の差が大きいコンピテンスの第 1 位から第 4 位を占めています。

## 機械工学（卒業生除く）

① 重要度

図 4-13 のレーダーチャートから、重要度について、どのコンピテンスで対象者間での違いが大きいかを詳しく見てみましょう。図 4-13 によると、学生や教員の重要度上位に挙がる「19．機械工学分野の未解決問題に対する対処」、「2．技術開発に貢献する」、「15．機械工学プロジェクトの実行」などの項目を企業人はそれほどには重要視していないことがわかります。特に「19．機械工学分野の未解決問題に対する対処」では、平均値が最も高い教員と最も低い企業人の差は 1.0 を超えています。

それとは反対に、第 3 章の全体で重要度 5 位に入っていた「4．状況に合わせた技術の選定と業務遂行」では、対象者間の違いは小さくなっています。

つぎに、特に重要度の高いコンピテンス 5 つに注目し、対象者間の共通点と相

違点を見てみましょう（表4-7）。共通点としては、どの対象者でも、「1．基礎と応用に関する知識の適用」と「3．製品やシステムの発想、分析、設計、試作」が、重要度の上位5つに入っていることが挙げられます。また、「2．技術開発に貢献するスキルを持つ」も、学生の第1位、教員の第3位に入っています。これら3つのコンピテンスは、第3章の全体でも上位3つを占めていました。

他方で、学生では「15．機械工学プロジェクトの実行」が第4位に、教員では「19．機械工学分野の未解決問題に対する対処」が第5位に、そして企業人では「4．状況に合わせた技術の選定と業務遂行」が第2位にランクインしており、ここに各対象者が何を重要視しているか、その特徴の違いが見受けられます。なお、第3章の全体では、「4．状況に合わせた技術の選定と業務遂行」は第5位、「15．機械工学プロジェクトの実行」は第6位とトップ10入りしていますが、「19．機械工学分野の未解決問題に対する対処」は第14位とかなり低い位置にあるコンピテンスでした。

② **習得度**

習得度についてはどうでしょうか。**図4-14**のレーダーチャートから、習得度の点で対象者間の違いが大きいコンピテンスを探してみましょう。図4-14によると、「15．機械工学プロジェクトの実行」、「19．機械工学分野の未解決問題に対する対処」、「20．最新研究に貢献する技術開発にスキルを持つ」などの項目で、特に教員は企業人よりもそれらの重要度を高く評価することがわかります。

それとは反対に、第3章の全体で習得度下位トップ3に入っていた「13．プロジェクトを法的・経済的・財務的側面から検討」や「17．品質管理技術を持っている」では、対象者間の違いがほとんど見られません。どの対象者も同程度に、これらのコンピテンスの習得度を低いと考えているようです。

つぎに、特に習得度の高いコンピテンス5つに注目し、対象者間の共通点と相違点を見てみましょう（表4-7）。習得度では、どの対象者にも共通して、「1．基礎と応用に関する知識の適用」、「7．情報技術、ソフト、ツールの適用」、「8．3次元的機械・システムを用いた作図」が上位5つに入っています。また、学生では、重要度第1位であった「2．技術開発に貢献するスキルを持つ」が習得度の第5位に入る一方、企業人では、重要度第2位であった「4．状況に合わせた

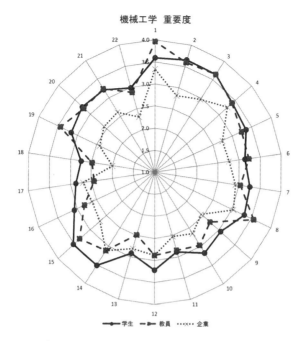

図 4-13　コンピテンス項目別に見た重要度の平均値（機械工学、対象者別）

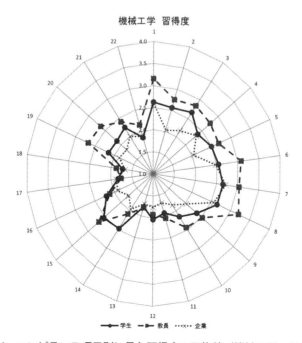

図 4-14　コンピテンス項目別に見た習得度の平均値（機械工学、対象者別）

表 4-7　重要度・習得度・差分の平均値：上位 5 位（機械工学、対象者別）

| | 順位 | 学生 | | 教員 | | 企業人 | |
|---|---|---|---|---|---|---|---|
| | | コンピテンス項目No. | 平均値 | コンピテンス項目No. | 平均値 | コンピテンス項目No. | 平均値 |
| 重要度 | 1 | 2 | 3.66 | 1 | 3.96 | 1 | 3.33 |
| | 2 | 3 | 3.64 | 3 | 3.64 | 4 | 3.26 |
| | 3 | 1 | 3.60 | 2 | 3.60 | 14 | 3.12 |
| | 4 | 15 | 3.52 | 8 | 3.56 | 8 | 3.04 |
| | 5 | 14 | 3.51 | 19 | 3.44 | 3 | 2.96 |
| 習得度 | 1 | 3 | 2.66 | 8 | 3.20 | 7 | 2.72 |
| | 2 | 7 | 2.65 | 1 | 3.16 | 1 | 2.60 |
| | 3 | 8 | 2.65 | 6 | 3.08 | 8 | 2.56 |
| | 4 | 1 | 2.62 | 7 | 3.04 | 6 | 2.48 |
| | 5 | 2 | 2.56 | 3 | 2.84 | 4 | 2.32 |
| 差分 | 1 | 12 | 1.18 | 14 | 1.04 | 14 | 1.16 |
| | 2 | 13 | 1.14 | 12 | 0.96 | 12 | 1.13 |
| | 3 | 22 | 1.13 | 2 | 0.84 | 13 | 1.10 |
| | 4 | 20 | 1.12 | 21 | 0.84 | 15 | 0.94 |
| | 5 | 2 | 1.09 | 3 | 0.80 | 4 | 0.94 |

技術の選定と業務遂行」が第 5 位にランクインするなど、重要度が高いと考えられているコンピテンスは習得度でも上位に挙がる傾向があります。

### ③　差　分

表 4-7 から差分（重要度－習得度の値）の欄を見ると、どの対象者でも、「12. コスト効果に見合ったリソース・設備選択、稼働、管理」が上位に位置づいています。また、教員と企業人では「14. 安全・リスク管理」、学生と企業人では「13. プロジェクトを法的・経済的・財政的側面から検討」、そして学生と教員では「2. 技術開発に貢献するスキルを持つ」も上位にランクインしています。つまり、これらのコンピテンスは、各対象者から、その重要度に比して習得の度合いが低いと考えられているようです。

## 物理学（重要度のみ）

### ① 重要度

図4-15のレーダーチャートをもとに、それぞれのコンピテンスごとの対象者間での違いを詳しく見てみましょう。多くのコンピテンス項目で、企業人は、他の大学関係者と比べて、重要度を低く評価しているようです。特に「9. 最先端研究への精通」、「4. 深い知識と理解」、「17. モデル化能力」では、平均値が最も高い教員と最も低い企業人の差が1.0を超えて大きくなっています。「4. 深い知識と理解」や「17. モデル化能力」は、第3章の全体では重要度のトップ5に入っていましたが、対象者間で認識に差があるようです。

それとは反対に、「12. 職業に関する柔軟性」、「15. 管理運営能力」、「21. コミュニケーション能力」、「5. 倫理意識」などでは、対象者間の違いはあまり大きくはありません。

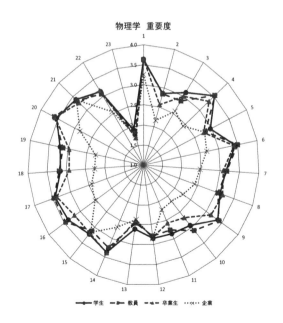

図4-15　コンピテンス項目別に見た重要度の平均値（物理学、対象者別）

表 4-8　重要度の平均値：上位 5 位（物理学、対象者別）

| 順位 | 学生 | | 教員 | | 卒業生 | | 企業人 | |
|---|---|---|---|---|---|---|---|---|
| | コンピテンス項目No. | 平均値 | コンピテンス項目No. | 平均値 | コンピテンス項目No. | 平均値 | コンピテンス項目No. | 平均値 |
| 1 | 1 | 3.63 | 1 | 3.63 | 1 | 3.65 | 21 | 3.37 |
| 2 | 20 | 3.54 | 20 | 3.61 | 20 | 3.58 | 1 | 3.26 |
| 3 | 4 | 3.52 | 4 | 3.54 | 6 | 3.4 | 15 | 3.16 |
| 4 | 6 | 3.44 | 6 | 3.49 | 14 | 3.38 | 12 | 2.84 |
| 5 | 17 | 3.43 | 16 | 3.47 | 17 | 3.38 | 20 | 2.84 |

　つぎに、特に重要度の高いコンピテンス 5 つに注目し、対象者間の共通点と相違点を見てみましょう（表4-8）。共通点としては、どの対象者でも、「1. 学習能力」と「20. 説明伝達能力」の重要度が上位 5 つに入っていることが挙げられます。また、企業人以外の対象者では、「6. 概算評価能力」も 4 位もしくは 3 位にランクインしています。「6. 概算評価能力」は、第 3 章の全体でも第 4 位に入るコンピテンスでした。

　他方で、対象者による違いも見られ、特に企業人では、「21. コミュニケーション能力」が第 1 位となっており、「15. 管理運営能力」や「12. 職業に関する柔軟性」といった職務の遂行に関わるコンピテンスの重要度も高く位置付けられています。第 3 章の全体では、「21. コミュニケーション能力」は第 6 位、「15. 管理運営能力」は第 10 位と比較的上位にありましたが、「12. 職業に関する柔軟性」は下位トップ 5 に入るコンピテンスでした。ここにも企業人と他の大学関係者の違いが表れています。その他、教員では「16. 数学力」が第 5 位に、卒業生では「14. 文献検索能力」が第 4 位に入っていることも、それぞれの対象者に特徴的な点です。

### 化学（重要度のみ）

①重要度

　図 4-16 のレーダーチャートをもとに、それぞれのコンピテンスごとの対象者間

での違いを詳しく見てみましょう。企業人は、特に教員と比べて、つぎのコンピテンスをあまり重要だと評価はしていないようです。すなわち、「21．化学的実験」、「10．英語での意思疎通」、「18．科学的な議論」、「1．未知の性質分析の理解」などのコンピテンスで、平均値が最も高い教員と最も低い企業人の差が1.0を超えて大きくなっています。「18．科学的な議論」や「1．未知の性質分析の理解」は、第3章の全体でトップ10に入っていたコンピテンスですが、対象者によって認識に違いがあるようです。

それとは反対に、「16．プロジェクトで自律的行動」や「23．数理的な方法や計算機の熟知」では、対象者間の違いが比較的小さいと言えます。「23．数理的な方法や計算機の熟知」は、第3章の全体で重要度下位に入るコンピテンスでしたので、どの対象者も同程度に、その重要性を低く評価していると考えられます。

つぎに、特に重要度の高いコンピテンス5つに注目し、対象者間の共通点と相違点を見てみましょう（表4-9）。共通点としては、どの対象者でも、「5．データの重要性の解釈」、「6．新しい問題・解決法の分析」、「2．定性・定量問題の

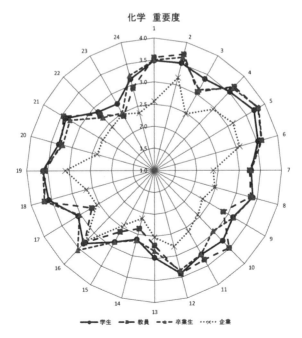

**図4-16　コンピテンス項目別に見た重要度の平均値（化学、対象者別）**

表 4-9　重要度の平均値：上位 5 位（化学、対象者別）

| 順位 | 学生 | | 教員 | | 卒業生 | | 企業人 | |
|---|---|---|---|---|---|---|---|---|
| | コンピテンス項目No. | 平均値 | コンピテンス項目No. | 平均値 | コンピテンス項目No. | 平均値 | コンピテンス項目No. | 平均値 |
| 1 | 5 | 3.71 | 5 | 3.81 | 5 | 3.83 | 16 | 3.26 |
| 2 | 19 | 3.62 | 2 | 3.73 | 18 | 3.68 | 2 | 3.17 |
| 3 | 18 | 3.57 | 18 | 3.68 | 2 | 3.65 | 5 | 3.13 |
| 4 | 6 | 3.52 | 4 | 3.67 | 4 | 3.63 | 6 | 3.09 |
| 5 | 2 | 3.52 | 6 | 3.62 | 6 | 3.63 | 19 | 3.09 |

理解」が重要度の上位 5 つに入っていることが挙げられます。また、企業人の場合を除いては、「18．科学的な議論」も上位に入っています。

他方で、第 3 章の全体で第 9 位であった「16．プロジェクトでの自律的行動」が、企業人では第 1 位にランクインしており、それが他の対象者とは違った特徴的な点です。

### 土木工学（重要度のみ）

#### ①重要度

図 4-17 のレーダーチャートをもとに、それぞれのコンピテンスごとの対象者間での違いを詳しく見てみましょう。企業人と他の大学関係者の差が大きいコンピテンスがいくつかあります。なかでも、「21．最新研究に貢献する技術開発」、「22．海外の大学に留学」、「20．未解決問題に対する対処」などの重要性を、企業人は特に教員と比べて、低く評価しているようです。

それとは反対に、「23．数学的な解析や計算法を熟知」、「6．土木工学の仕事の維持と修復」、「15．現場の情報を操作し解釈」では、対象者間の違いは比較的小さくなっています。「23．数学的な解析や計算法を熟知」は、第 3 章の全体で重要度の下位トップ 3 に入っていたため、どの対象者も同程度に、その重要性を低く評価していると考えられます。

つぎに、特に重要度の高いコンピテンス 5 つに注目し、対象者間の共通点と相

違点を見てみましょう（**表 4-10**）。共通点としては、どの対象者でも、「1．基礎と応用に関する知識適用」、「2．最適な技術を選定し遂行」、「16．異分野の人との協同」が重要度の上位 5 つに入っていることが挙げられます。卒業生や企業人の場合には、「10．人材の監督と指揮」もランクインしています。これは、第 3 章

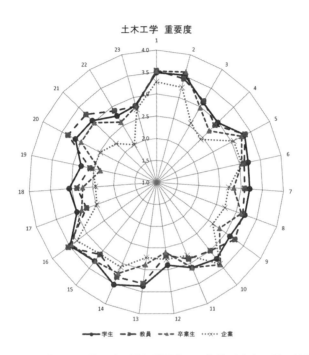

**図 4-17　コンピテンス項目別に見た重要度の平均値（土木工学、対象者別）**

**表 4-10　重要度の平均値：上位 5 位（土木工学、対象者別）**

| 順位 | 学生 コンピテンス項目No. | 平均値 | 教員 コンピテンス項目No. | 平均値 | 卒業生 コンピテンス項目No. | 平均値 | 企業人 コンピテンス項目No. | 平均値 |
|---|---|---|---|---|---|---|---|---|
| 1 | 2 | 3.53 | 1 | 3.54 | 2 | 3.60 | 10 | 3.38 |
| 2 | 14 | 3.53 | 16 | 3.54 | 1 | 3.52 | 1 | 3.29 |
| 3 | 1 | 3.49 | 2 | 3.44 | 16 | 3.45 | 16 | 3.29 |
| 4 | 16 | 3.49 | 5 | 3.36 | 10 | 3.40 | 2 | 3.24 |
| 5 | 13 | 3.37 | 20 | 3.34 | 15 | 3.29 | 14 | 3.10 |

の全体では第 7 位に入るコンピテンスでした。

　他方で、対象者ごとの特徴（相違点）としては、学生では「13．土木工学的な解法を提供」が第 5 位に、教員では「5．土木工学の仕事の計画・企画」が第 4 位、「20．未解決問題に対する対処」が第 5 位に入っている点が見て取れます。なお、第 3 章の全体では、「5．土木工学の仕事の計画・企画」が第 5 位、「13．土木工学的な解法を提供」が第 8 位、「20．未解決問題に対する対処」が第 11 位でした。また、卒業生では、他の対象者とは異なり、第 3 章の全体で第 6 位であった「15．現場の情報を操作し解釈」が 5 番目に重要度の高いコンピテンスとなっています。企業人の場合は、「1．基礎と応用に関する知識適用」や「2．最適な技術を選定し遂行」ではなく、第 3 章の全体で第 7 位に入っていた「10．人材の監督と指揮」が第 1 位であることに特徴があります。

## 3　まとめ

　この章では、対象者間のコンピテンス認識がどのように違っているのかに注目して、データを見てきました。第 1 節では、相関係数の比較によって、特に対象者間のコンピテンス認識が近い分野、遠い分野はどこかを確認し、第 2 節では、各対象者が考える最も重要度・習得度が高いコンピテンス 5 つを取り上げ、対象者間での違いを分野ごとに詳しく紹介しました。専門分野の比較を行った第 1 節での分析の結果、次のことがわかりました。

　まず、重要度の認識から分野を比較すると、第 1 に、経済学やビジネスでは、企業人と他の大学関係者の相関が強いことが示されました。それらの 2 分野では、どの対象者間の認識も比較的近いと言えます。第 2 に、それとは反対に、企業人と他の大学関係者の認識が遠い分野は、物理学や歴史学です。また、教員と企業人の認識差が最も大きい分野は、土木工学でした。第 3 に、学生、教員、卒業生の認識は特に物理学で近く、地球科学や歴史学で遠いこともわかりました。

　他方、習得度の認識から分野を比較すると、第 1 に、経済学では企業人と他の大学関係者の相関が強く、全体的にも対象者間の認識が近いことが示されました。第 2 に、それとは反対に、企業人と他の関係者の認識が最も遠いのが歴史学です。これは重要度の場合も同じでした。ただし、歴史学では、重要度に関す

る対象者間の相関が全体的に弱い傾向がありましたが、習得度に関してはそういう訳でもなく、学生と教員の相関はすべての分野で最も強くなっています。

> **コラム4** 将来の職業や収入を決めるもの
>
> みなさんは、高校生の将来の職業や収入を決めるのは何だと思いますか。もちろん将来の職業を選ぶのは本人であり、収入は職業によっておおよそ決まります。では「本人の希望」はどのようにして形作られていくのでしょうか。
>
> ここに興味深い調査結果があります。東京大学大学院教育学研究科 大学経営・政策研究センターが2005年に全国で約4,000人の高校3年生の保護者に対して行った調査から得られた結果です（東京大学大学院教育学研究科大学経営・政策研究センター 2005）。10年以上前の調査結果でもあり、いろいろなところで使われているので、すでに目にされているかもしれません。まずは、「今の社会で、個人の将来の職業や収入を決めるのに何が重要だと思いますか」という質問に注目しましょう。ここでは、予め用意していた6つの項目に対して、それぞれ、「とても重要」から「全く重要ではない」の4段階で答えてもらっています。結果を**コラム4-図1**に示します。この結果を見ると、「重要」と回答した割合（「と
>
>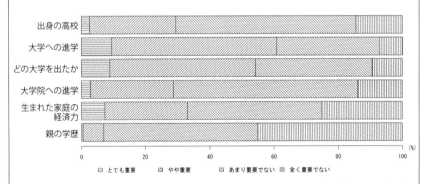
>
> 出典：東京大学大学院教育学研究科 大学経営・政策研究センター（2005）
>
> コラム4-図1 「今の社会で、個人の将来の職業や収入を決めるのに何が重要だと思いますか」

ても重要」と「やや重要」の合計）が多いのは、「大学への進学」と「どの大学を出たか」の2つであることが分かります。回答した保護者の大体6割が、大学に行くこと、そして保護者の半分強が、どの大学を出たかが将来の職業や収入を決めるのに重要だと考えています。大学院への進学は、逆に7割の人が重要ではないと考えています。最近は大学院卒が収入にプラスの影響があることを示す研究結果も出ていますが（柿澤ほか 2014、森川 2013）、調査当時は、大学院への進学は職や収入に影響しないと高校生の保護者には考えられていたようです。大学院進学が多い理系とそうでない文系、そして修士と博士の別でも違う見方をされるかもしれません。「出身の高校」や、「生まれた家庭の経済力」を重要だと考える人は3割程度です。これら2つの項目は関係ないと考えられているとも言えますが、どちらも大学進学および大学選択に影響する項目です。9割以上の保護者は、「親の学歴」は子供の職や収入の決定には重要ではないと答えています。もっとも親の学歴と子供の学歴は通常は関係するため、大学進学や進学先との繋がりを通じて間接的に関係する可能性も考えられます。この結果からは、大学に行くこと、そしてどの大学を出るかが将来の職業や収入を決めると高校生の保護者の6割が考えていることが分かりました。逆に言うと、4割の人は大学進学やどの大学を出たかは将来の職業や収入を決めるのに重要ではないと考えていることが分かります。では、何が重要だと考えているのでしょうか。また大学進学が重要だと思うと答えた6割の人たちでも、大学進学以外で重要だと考えることは無いのでしょうか。

　続く問いでは、先ほどの疑問に一部答えています。「これからの社会について、次の意見をどう思われますか」には、予め用意していた6つの項目に対して、それぞれ、「強くそう思う」から「全くそうは思わない」の4段階で答えてもらっています。結果を**コラム4-図2**に示します。ここでは、5つの項目のうち4つで7割以上の人が肯定的（「強くそう思う」と「そう思う」の合計）に捉えています。まず「学歴をもっていても安定した生活は保障されない」（96.4％）と「年功序列ではなくなり、本人の能力を重視して昇進や昇給が行われるようになる」（93.4％）の2項目をほとんどの人たちが肯定的に捉えています。少し下がりますがそれでも高いのが、「学歴よりも資格が重視されるようになる」（86.3％）です。

　ここからは、「学歴だけでは安定した生活は保障されず、本人の能力が重視される」という考え方が伺えます。それが「学歴よりも資格の重視」に繋がるのかもしれません。先ほどの問いへの答えと併せて考えると、今の社会では大学への

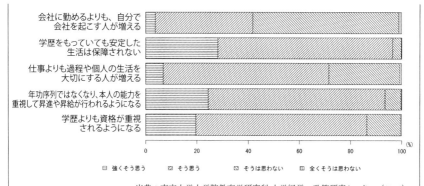

出典：東京大学大学院教育学研究科 大学経営・政策研究センター（2005）

**コラム 4- 図 2　「これからの社会について、次の意見をどう思われますか」**

　進学や大学の選抜性が職や収入を決めると考えられており、これからの社会では職場の昇進や昇給は能力で決まる、という「学歴（今の社会）＋能力（これからの社会）」の重視が示されています。

　ところで、これからの社会で職場の昇進や昇給を決める「能力」とは何なのでしょうか。直ぐに思いつくのは、やはりコミュニケーション能力やリーダーシップなどの汎用コンピテンスです。当たり前ですが、専門職では専門コンピテンスが重視されるのでしょう。何か分かった気になってしまう「能力」とは何かを、改めて考えてみる必要がありそうです。

　他方で、7 割の人が「仕事よりも家庭や個人の生活を大切にする人が増える」（71.5％）と答えていることから、社会生活の重視という視点も見られます。経済活動一辺倒ではなく、多様な価値が認められる社会が来ると考えられているようです。

# 第 5 章　大学間の違いはどのようなコンピテンスで見られるのか

　第 5 章では、専門コンピテンスの重要度と習得度の認識が大学間で異なるのかを見ます。第 3 章では専門コンピテンスの分野別の傾向を見ました。第 4 章では、第 3 章で見た分野別の傾向が対象者によって、特に企業人が学生や教員と異なるのかを見ました。しかし学生や教員の中でも、属する大学によって専門コンピテンスの捉え方が異なるかもしれません。それぞれの専門コンピテンスを重要と見なすかどうかや、身に付いたと考える度合いは、大学教育が育むものと考えられます。よって、ここで示される大学間認識の違いは大学教育の成果の違いを考える 1 つの指標ともなりえます。

　これまで専門コンピテンスの習得が大学によってどのように異なるのかは、日本ではほとんど議論されてきませんでした。従来議論されてきたのは汎用コンピテンスに関する学生の認識であり、それは学力（偏差値が高いか低いかなど）や分野の違いによって異なるとざっくりと言われてきました（PROG 白書プロジェクト 2015、山田・森 2010）。そこで本章では、卒業時の専門コンピテンスの重要度と習得度の捉え方が、偏差値が高いとされる、いわゆる研究型大学の間でも異なるのか否か、異なるとしたらどのようなコンピテンスによって異なるのかを中心に見ていきます。

　具体的には、学生、教員、卒業生がそれぞれ分野別の専門コンピテンスを重要だと考える程度もしくは習得したと考える程度について大学間の違いを見ます。まず、大学別の平均値を見ます。次に 2 大学（ペア）の相関係数を用いて関係の強さを見ます。さらに、大学ペアで統計的な差（有意差[1]）があるのかないのかを分散分析[2]により見ます。差がある場合は、各大学ペア間で一体いくつのコンピテンスが異なるのかを多重比較[3]の結果から見ます。例えば「大学 A と大学 B は重要度の見方が異なる」と言っても、1 つのコンピテンスで異なる程度なのか、

第 5 章　大学間の違いはどのようなコンピテンスで見られるのか　89

全てのコンピテンス、例えば経済学なら全 24 のコンピテンスで異なるのかで、異なる度合いは大分違うと考えられるからです。次にどのようなコンピテンスで大学間の差が多いのかを、やはり多重比較の結果から見ます。コンピテンスによっては、大学間の違いを多く示すコンピテンスもあれば、全く違いを示さないコンピテンスもあると考えられるからです。

　コンピテンス別に各大学の違いを多重比較した結果は細かいので、ここでは要約して説明します。要約の方法は、以下の**図 5-1** で説明します。まず各大学ペアで何個のコンピテンスが有意に異なるのかを数えます。図 5-1 の大学 3 と大学 2 のペアでは、24 の専門コンピテンスのうち、有意差を示すコンピテンスは 0 です。よって、大学 3 と大学 2 の間には異なるコンピテンスがないことが分かります。続いて、どのコンピテンスで大学ペアの違いが多く示されるのかを見ます。この時はコンピテンス別の多重比較の結果から、各コンピテンスで有意差を示す大学ペア数を数えます。図 5-1 の場合、コンピテンス 4 の有意差を伴う大学ペア数は 4 となります。ペア別のコンピテンス数とコンピテンス別のペア数は、要するに、1 つの多重比較結果を縦と横の別に有意差の出た結果を数えているわけです。

　本書では多重比較の詳細結果を示しません。また大学間比較では大学名を公開しないこともあり、大学間ペアのうち、どちらの大学が高く評価したなどの大学の特徴は本章の分析では問いません。

　分析の対象となる大学数を**表 5-1** に示します。大学数は分野によってもばらつきがあります。また各大学の参加者数もばらついています。ここでは各分野で 2 大学以上、学生と卒業生は 10 人以上、教員は 6 人以上参加の場合のみ対象とし

表 5-1　大学間比較で対象となる大学数

|  | 学生 | 教員 | 卒業生 |  |
|---|---|---|---|---|
| 経済学 | 9 大学 | 6 大学 | 8 大学 |  |
| ビジネス | 5 大学 | 4 大学 | 6 大学 |  |
| 地球科学 |  | 2 大学 | 2 大学 | *重要度のみ |
| 物理学 | 5 大学 | 4 大学 | 2 大学 |  |
| 化学 | 3 大学 | 3 大学 |  |  |
| 土木工学 | 3 大学 | 3 大学 | 2 大学 |  |

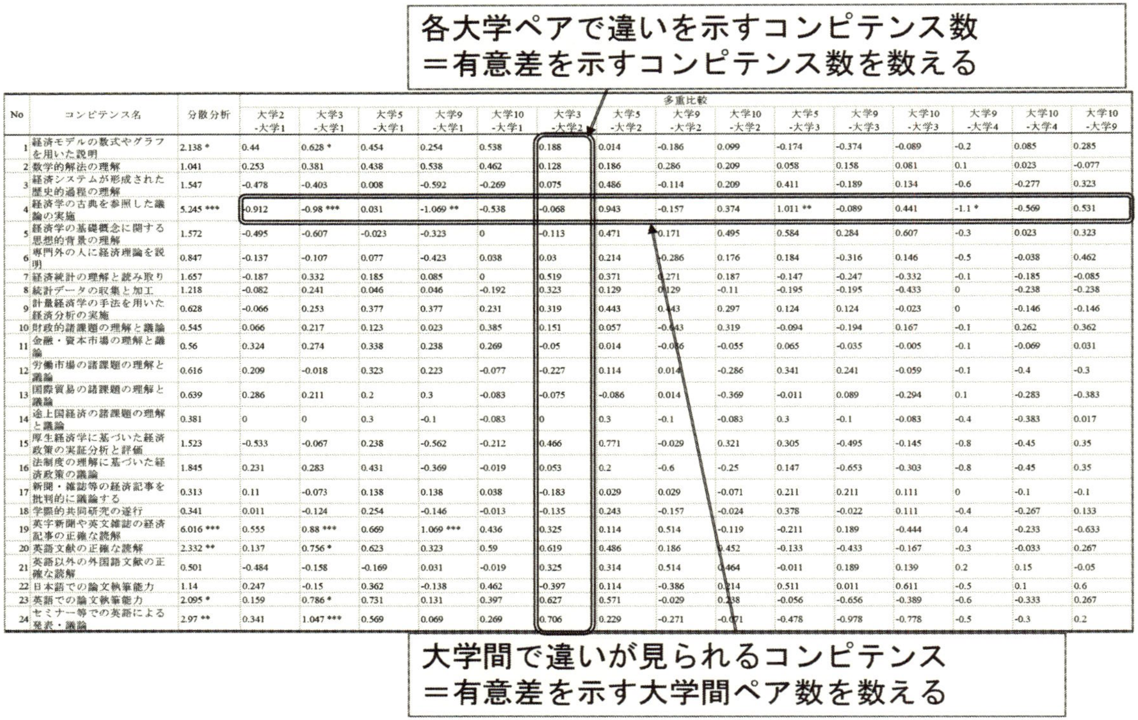


| No | コンピテンス名 | 分散分析 | 多重比較<br>大学2<br>-大学1 | 大学3<br>-大学1 | 大学5<br>-大学1 | 大学9<br>-大学1 | 大学10<br>-大学1 | 大学3<br>-大学2 | 大学5<br>-大学2 | 大学9<br>-大学2 | 大学10<br>-大学2 | 大学5<br>-大学3 | 大学9<br>-大学3 | 大学10<br>-大学3 | 大学9<br>-大学4 | 大学10<br>-大学4 | 大学10<br>-大学9 |
|---|---|---|---|---|---|---|---|---|---|---|---|---|---|---|---|---|---|
| 1 | 経済モデルの数式やグラフを用いた説明 | 2.138 * | 0.44 | 0.628 * | 0.454 | 0.254 | 0.538 | 0.188 | 0.014 | -0.186 | 0.099 | -0.174 | -0.374 | -0.089 | -0.2 | 0.085 | 0.285 |
| 2 | 数学的解法の理解 | 1.041 | 0.253 | 0.381 | 0.438 | 0.538 | 0.462 | 0.128 | 0.186 | 0.286 | 0.209 | 0.058 | 0.158 | 0.081 | 0.1 | 0.023 | -0.077 |
| 3 | 経済システムが形成された歴史的過程の理解 | 1.547 | -0.478 | -0.403 | 0.008 | -0.592 | -0.269 | 0.075 | 0.486 | -0.114 | 0.209 | 0.411 | -0.189 | 0.134 | -0.6 | -0.277 | 0.323 |
| 4 | 経済学の古典を参照した議論の実施 | 5.245 *** | -0.912 | -0.98 *** | 0.031 | -1.069 ** | -0.538 | -0.068 | 0.943 | -0.157 | 0.374 | 1.011 ** | -0.089 | 0.441 | -1.1 * | -0.569 | 0.531 |
| 5 | 経済学の基礎概念に関する思想的背景の理解 | 1.572 | -0.495 | -0.607 | -0.023 | -0.323 | 0 | -0.113 | 0.471 | 0.171 | 0.495 | 0.584 | 0.284 | 0.607 | -0.3 | 0.023 | 0.323 |
| 6 | 専門外の人に経済理論を説明 | 0.847 | -0.137 | -0.107 | 0.077 | -0.423 | 0.038 | 0.03 | 0.214 | -0.286 | 0.176 | 0.184 | -0.316 | 0.146 | -0.5 | -0.038 | 0.462 |
| 7 | 経済統計の理解と読み取り | 1.657 | -0.187 | 0.332 | 0.185 | 0.085 | 0 | 0.519 | 0.371 | 0.271 | 0.187 | -0.147 | -0.247 | -0.332 | -0.1 | -0.185 | -0.085 |
| 8 | 統計データの収集と加工 | 1.218 | -0.082 | 0.241 | 0.046 | 0.046 | -0.192 | 0.323 | 0.129 | 0.129 | -0.11 | -0.195 | -0.195 | -0.433 | 0 | -0.238 | -0.238 |
| 9 | 計量経済学の手法を用いた経済分析の実施 | 0.628 | -0.066 | 0.253 | 0.377 | 0.377 | 0.231 | 0.319 | 0.443 | 0.443 | 0.297 | 0.124 | 0.124 | -0.023 | 0 | -0.146 | -0.146 |
| 10 | 財政的諸課題の理解と議論 | 0.545 | 0.066 | 0.217 | 0.123 | 0.023 | 0.385 | 0.151 | 0.057 | -0.043 | 0.319 | -0.094 | -0.194 | 0.167 | -0.1 | 0.262 | 0.362 |
| 11 | 金融・資本市場の理解と議論 | 0.56 | 0.324 | 0.274 | 0.338 | 0.238 | 0.269 | -0.05 | 0.014 | -0.036 | -0.055 | 0.065 | -0.035 | -0.005 | -0.1 | -0.069 | 0.031 |
| 12 | 労働市場の諸課題の理解と議論 | 0.616 | 0.209 | -0.018 | 0.323 | 0.223 | -0.077 | -0.227 | 0.114 | 0.014 | -0.286 | 0.341 | 0.241 | -0.059 | -0.1 | -0.4 | -0.3 |
| 13 | 国際貿易の諸課題の理解と議論 | 0.639 | 0.286 | 0.211 | 0.2 | 0.3 | -0.083 | -0.075 | -0.086 | 0.014 | -0.369 | -0.011 | 0.089 | -0.294 | 0.1 | -0.283 | -0.383 |
| 14 | 途上国経済の諸課題の理解と議論 | 0.381 | 0 | 0 | 0.3 | -0.1 | -0.083 | 0 | 0.3 | -0.1 | -0.083 | 0.3 | -0.1 | -0.083 | -0.4 | -0.383 | 0.017 |
| 15 | 厚生経済学に基づいた経済政策の実証分析と評価 | 1.523 | -0.533 | -0.067 | 0.238 | -0.562 | -0.212 | 0.466 | 0.771 | -0.029 | 0.321 | 0.305 | -0.495 | -0.145 | -0.8 | -0.45 | 0.35 |
| 16 | 法制度の理解に基づいた経済政策の議論 | 1.845 | 0.231 | 0.283 | 0.431 | -0.369 | -0.019 | 0.053 | 0.2 | -0.6 | -0.25 | 0.147 | -0.653 | -0.303 | -0.8 | -0.45 | 0.35 |
| 17 | 新聞・雑誌等の経済記事を批判的に議論する | 0.313 | 0.11 | -0.073 | 0.138 | 0.138 | 0.038 | -0.183 | 0.029 | 0.029 | -0.071 | 0.211 | 0.211 | 0.111 | 0 | -0.1 | -0.1 |
| 18 | 学際的共同研究の遂行 | 0.341 | 0.011 | -0.124 | 0.254 | -0.146 | -0.013 | -0.135 | 0.243 | -0.157 | -0.024 | 0.378 | -0.022 | 0.111 | -0.4 | -0.267 | 0.133 |
| 19 | 英字新聞や英文雑誌の経済記事の正確な読解 | 6.016 *** | 0.555 | 0.88 *** | 0.669 | 1.069 *** | 0.436 | 0.325 | 0.114 | 0.514 | -0.119 | -0.211 | 0.189 | -0.444 | 0.4 | -0.233 | -0.633 |
| 20 | 英語文献の正確な読解 | 2.332 ** | 0.137 | 0.756 * | 0.623 | 0.323 | 0.59 | 0.619 | 0.486 | 0.186 | 0.452 | -0.133 | -0.433 | -0.167 | -0.3 | -0.033 | 0.267 |
| 21 | 英語以外の外国語文献の正確な読解 | 0.501 | -0.484 | -0.158 | -0.169 | 0.031 | -0.019 | 0.325 | 0.314 | 0.514 | 0.464 | -0.011 | 0.189 | 0.139 | 0.2 | 0.15 | -0.05 |
| 22 | 日本語での論文執筆能力 | 1.14 | 0.247 | -0.15 | 0.362 | -0.138 | 0.462 | -0.397 | 0.114 | -0.386 | 0.214 | 0.511 | 0.011 | 0.611 | -0.5 | 0.1 | 0.6 |
| 23 | 英語での論文執筆能力 | 2.095 * | 0.159 | 0.786 * | 0.731 | 0.131 | 0.397 | 0.627 | 0.571 | -0.029 | 0.238 | -0.056 | -0.656 | -0.389 | -0.6 | -0.333 | 0.267 |
| 24 | セミナー等での英語による発表・議論 | 2.97 ** | 0.341 | 1.047 *** | 0.569 | 0.069 | 0.269 | 0.706 | 0.229 | -0.271 | -0.071 | -0.478 | -0.978 | -0.778 | -0.5 | -0.3 | 0.2 |

**図 5-1　多重比較結果から有意差を数える方法**
（例：教員重要度を使用した大学間の違い）

ています。大学は全て大学 1 から番号で表します。

## 1　分野別分析

### 経済学

#### ①　各大学の平均値

ここでは重要度と習得度の認識が大学間でどの程度違うのかを見ます。各大学の重要度と習得度の位置づけを**図 5-2** に、記述統計を**表 5-2** に示します。散布図からは、大学 8 の重要度認識がやや高いのですが、おおよそ右上がりの直線上に大学が位置づいているように見えます。重要度も習得度も大学間の違いは、最大でも 0.5 程度ということが分かります。表 5-2 では、対象者別の違いも分かります。大学別に見ても、学生と教員の重要度・習得度認識の平均は近く、卒業生はそれよりもやや低く見ることが分かります。

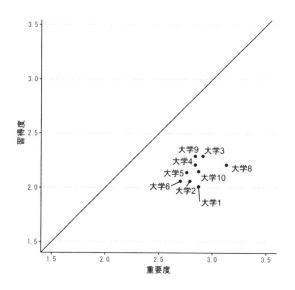

図 5-2　経済学コンピテンス認識の大学分布

表5-2 経済学コンピテンス認識の大学別記述統計

| | 重要度 | | | | | | | | 習得度 | | | | | | | |
|---|---|---|---|---|---|---|---|---|---|---|---|---|---|---|---|---|
| | 全体 | | 学生 | | 教員 | | 卒業生 | | 全体 | | 学生 | | 教員 | | 卒業生 | |
| | Mean | SD | Mean | SD | Mean | SD | Mean | SD | Mean | SD | Mean | SD | Mean | SD | Mean | SD |
| 大学1 | 2.87 | 0.87 | 2.86 | 0.87 | 2.90 | 0.88 | | | 2.01 | 0.85 | 2.01 | 0.86 | 2.04 | 0.75 | | |
| 大学2 | 2.79 | 0.90 | 2.86 | 0.86 | 2.90 | 0.94 | 2.35 | 0.95 | 2.06 | 0.85 | 2.10 | 0.86 | 2.08 | 0.76 | 1.86 | 0.79 |
| 大学3 | 2.91 | 0.96 | 3.05 | 0.89 | 3.05 | 0.92 | 2.67 | 1.03 | 2.29 | 0.91 | 2.33 | 0.92 | 2.36 | 0.85 | 2.22 | 0.90 |
| 大学4 | 2.84 | 0.93 | 2.86 | 0.94 | | | 2.78 | 0.93 | 2.21 | 0.89 | 2.18 | 0.91 | | | 2.28 | 0.85 |
| 大学5 | 2.76 | 0.98 | 2.91 | 0.89 | 3.18 | 0.80 | 2.67 | 1.01 | 2.14 | 0.87 | 2.16 | 0.87 | 2.17 | 0.79 | 2.13 | 0.88 |
| 大学6 | 2.70 | 0.97 | 2.84 | 0.93 | | | 2.48 | 1.00 | 2.06 | 0.87 | 2.12 | 0.89 | | | 1.95 | 0.83 |
| 大学8 | 3.13 | 0.87 | 3.15 | 0.90 | | | | | 2.21 | 0.97 | 2.18 | 1.02 | | | | |
| 大学9 | 2.84 | 0.96 | 2.99 | 0.88 | 2.90 | 0.93 | 2.72 | 1.00 | 2.29 | 0.95 | 2.37 | 0.93 | 2.10 | 0.91 | 2.24 | 0.95 |
| 大学10 | 2.87 | 0.93 | 2.89 | 0.97 | 3.01 | 0.75 | 2.74 | 1.01 | 2.15 | 0.93 | 2.21 | 0.97 | 2.02 | 0.79 | 2.20 | 0.99 |

注:Mean: 平均、SD:標準偏差

## ② 大学間の認識の近さ

表 5-3 と表 5-4 に経済学コンピテンス認識の大学間相関を示します。これら 2 つの表では、重要度も習得度も 2 大学間の相関係数はおおむね 0.7 以上であり強い相関が示されています。これは 3 種類の対象者に共通していますが、学生の大学ペアと教員の大学ペアの一部ではそれぞれやや弱い相関を示します。

学生：習得度の一部例外（大学 8 と大学 4（0.32）や大学 8 と大学 3（0.58）など）を除いて、0.7 以上の強い相関関係を示します。

教員：重要度の一部（大学 1 と大学 3（0.56））と習得度の一部（大学 1 と大学 3（0.58）や大学 1 と大学 9（0.46））を除いて、0.7 以上の強い相関関係を示します。

卒業生：習得度の 1 大学ペア（大学 2 と大学 4）で 0.62 の相関を示しますが、他は全て 0.7 以上であり強い相関関係を示します。

## ③ 大学間で違いはあるのか

分散分析の結果を見ると、重要度と習得度の両方で、全対象者（学生、教員、卒業生）において有意な違いが示されています。よって、どの対象者でも、大学間で違いがあることが分かります。

## ④ コンピテンスは大学間でどの程度異なるのか

コンピテンスの見方は大学間で異なることが分かりましたが、では、2 大学間では何個程度のコンピテンスが異なるのでしょうか。図 5-3 に、有意差を示すコンピテンス数を横軸に、大学ペア数を縦軸にした図を示します。なお、大学ペアの組合せとして、学生は 36 大学ペア、教員は 15 大学ペア、卒業生は 21 ペアあります。

まず重要度に着目します。学生・教員・卒業生共に 0 が最も多く、有意差を示すコンピテンスが多くなるにつれて大学ペア数が少なくなり、有意差を示すコンピテンスは最大でも 10 程度であることが分かります。次に習得度を見ると、重要度と同じような傾向と同時に、若干の違いが見られます。学生の場合、多くの大学ペアは 0 か 1 個程度のコンピテンスの違いを示し、10 以上のコンピテンスで違いを示す大学ペアは 2 つに留まります。教員と卒業生も 0 が最も多く徐々に減少し、

表 5-3 経済学コンピテンス認識の大学間相関【重要度】

学　生

|  | 大学1 | 大学2 | 大学3 | 大学4 | 大学5 | 大学6 | 大学8 | 大学9 | 大学10 |
|---|---|---|---|---|---|---|---|---|---|
| 大学1 | 1 | | | | | | | | |
| 大学2 | 0.936 *** | 1 | | | | | | | |
| 大学3 | 0.847 *** | 0.763 *** | 1 | | | | | | |
| 大学4 | 0.863 *** | 0.709 *** | 0.901 *** | 1 | | | | | |
| 大学5 | 0.947 *** | 0.907 *** | 0.883 *** | 0.876 *** | 1 | | | | |
| 大学6 | 0.952 *** | 0.896 *** | 0.836 *** | 0.863 *** | 0.967 *** | 1 | | | |
| 大学8 | 0.800 *** | 0.693 *** | 0.778 *** | 0.769 *** | 0.791 *** | 0.800 *** | 1 | | |
| 大学9 | 0.901 *** | 0.817 *** | 0.949 *** | 0.943 *** | 0.945 *** | 0.921 *** | 0.829 *** | 1 | |
| 大学10 | 0.858 *** | 0.714 *** | 0.869 *** | 0.898 *** | 0.874 *** | 0.892 *** | 0.853 *** | 0.933 *** | |

教　員

|  | 大学1 | 大学2 | 大学3 | 大学5 | 大学9 | 大学10 |
|---|---|---|---|---|---|---|
| 大学1 | 1 | | | | | |
| 大学2 | 0.754 *** | 1 | | | | |
| 大学3 | 0.562 *** | 0.855 *** | 1 | | | |
| 大学5 | 0.853 *** | 0.898 *** | 0.815 *** | 1 | | |
| 大学9 | 0.652 *** | 0.877 *** | 0.825 *** | 0.770 *** | 1 | |
| 大学10 | 0.781 *** | 0.896 *** | 0.799 *** | 0.879 *** | 0.835 *** | 1 |

卒業生

|  | 大学2 | 大学3 | 大学4 | 大学5 | 大学6 | 大学9 | 大学10 |
|---|---|---|---|---|---|---|---|
| 大学2 | 1 | | | | | | |
| 大学3 | 0.770 *** | 1 | | | | | |
| 大学4 | 0.732 *** | 0.872 *** | 1 | | | | |
| 大学5 | 0.885 *** | 0.909 *** | 0.901 *** | 1 | | | |
| 大学6 | 0.920 *** | 0.847 *** | 0.848 *** | 0.940 *** | 1 | | |
| 大学9 | 0.857 *** | 0.942 *** | 0.881 *** | 0.959 *** | 0.938 *** | 1 | |
| 大学10 | 0.837 *** | 0.911 *** | 0.897 *** | 0.955 *** | 0.911 *** | 0.967 *** | 1 |

**表 5-4　経済学コンピテンス認識の大学間相関　【習得度】**

学　生

|   | 大学1 | 大学2 | 大学3 | 大学4 | 大学5 | 大学6 | 大学8 | 大学9 | 大学10 |
|---|---|---|---|---|---|---|---|---|---|
| 大学1 | 1 | | | | | | | | |
| 大学2 | 0.943 *** | 1 | | | | | | | |
| 大学3 | 0.752 *** | 0.718 *** | 1 | | | | | | |
| 大学4 | 0.790 *** | 0.756 *** | 0.799 *** | 1 | | | | | |
| 大学5 | 0.928 *** | 0.940 *** | 0.841 *** | 0.818 *** | 1 | | | | |
| 大学6 | 0.948 *** | 0.942 *** | 0.642 *** | 0.729 *** | 0.900 *** | 1 | | | |
| 大学8 | 0.699 *** | 0.650 *** | 0.584 *** | 0.322 | 0.616 *** | 0.664 *** | 1 | | |
| 大学9 | 0.806 *** | 0.744 *** | 0.926 *** | 0.693 *** | 0.824 *** | 0.715 *** | 0.762 *** | 1 | |
| 大学10 | 0.830 *** | 0.794 *** | 0.926 *** | 0.719 *** | 0.873 *** | 0.731 *** | 0.752 *** | 0.940 *** | 1 |

教　員

|   | 大学1 | 大学2 | 大学3 | 大学5 | 大学9 | 大学10 |
|---|---|---|---|---|---|---|
| 大学1 | 1 | | | | | |
| 大学2 | 0.766 *** | 1 | | | | |
| 大学3 | 0.583 *** | 0.817 *** | 1 | | | |
| 大学5 | 0.747 *** | 0.749 *** | 0.845 *** | 1 | | |
| 大学9 | 0.456 ** | 0.753 *** | 0.874 *** | 0.776 *** | 1 | |
| 大学10 | 0.881 *** | 0.815 *** | 0.724 *** | 0.815 *** | 0.566 *** | 1 |

卒業生

|   | 大学2 | 大学3 | 大学4 | 大学5 | 大学6 | 大学9 | 大学10 |
|---|---|---|---|---|---|---|---|
| 大学2 | 1 | | | | | | |
| 大学3 | 0.744 *** | 1 | | | | | |
| 大学4 | 0.624 *** | 0.894 *** | 1 | | | | |
| 大学5 | 0.888 *** | 0.875 *** | 0.794 *** | 1 | | | |
| 大学6 | 0.901 *** | 0.749 *** | 0.665 *** | 0.872 *** | 1 | | |
| 大学9 | 0.833 *** | 0.888 *** | 0.813 *** | 0.966 *** | 0.844 *** | 1 | |
| 大学10 | 0.794 *** | 0.802 *** | 0.702 *** | 0.912 *** | 0.841 *** | 0.894 *** | 1 |

大学ペアの有意差コンピテンス数（経済学）

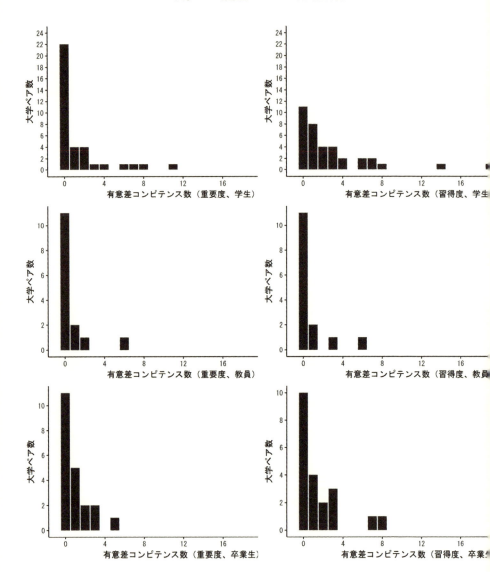

図 5-3　大学ペアの有意差を示すコンピテンス数（経済学）

最大の有意差数は教員が6で卒業生が8です。よって全体として大学間で違いがある場合でもコンピテンス数は1桁程度と少ないことが分かります。

## ⑤ 大学間の違いはどのようなコンピテンスで見られるのか

　コンピテンス別の大学ペアの有意差数を**図5-4**（重要度）と**図5-5**（習得度）に示します。重要度において、大学間の違いが多く示されるコンピテンスは英語読解です。ただし学生と卒業生にのみ顕著です。具体的には、「19．英字新聞や英文雑誌の経済記事の正確な読解」（学生は8ペア、卒業生は5ペア）、「20．英語文献の正確な読解」（学生は5ペア）です。その他に、学生は「6．専門外の人に経済理論を説明」（5ペア）、卒業生は「18．学際的共同研究の遂行」（4ペア）で重要度の認識に大学間の差が見られます。教員は「4．経済学の古典を参照した議論の実施」（4ペア）で違いが見られます。

　習得度において大学間の違いが多く示されるコンピテンスも、英語読解です。これは3対象者に共通しています。学生では、「20．英語文献の正確な読解」（12ペア）、「19．英字新聞や英文雑誌の経済記事の正確な読解」（11ペア）です。教員はほとんどのコンピテンスで違いが示されませんが、一番多くのペアで有意差が示されるのはNo.19のコンピテンス（4ペア）です。卒業生において大学間の違いが最も多く示されるのは、やはりNo.19（8ペア）です。学生と卒業生では計量経済学の分析（「9．計量経済学の手法を用いた経済分析の実施」）の習得でも違いが示されます（学生では13ペア、卒業生では7ペア）。

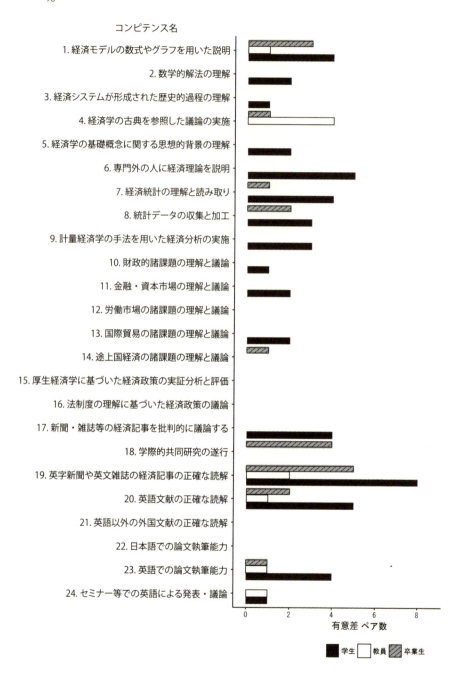

図 5-4 コンピテンス別の大学ペアの有意差数（経済学・重要度）

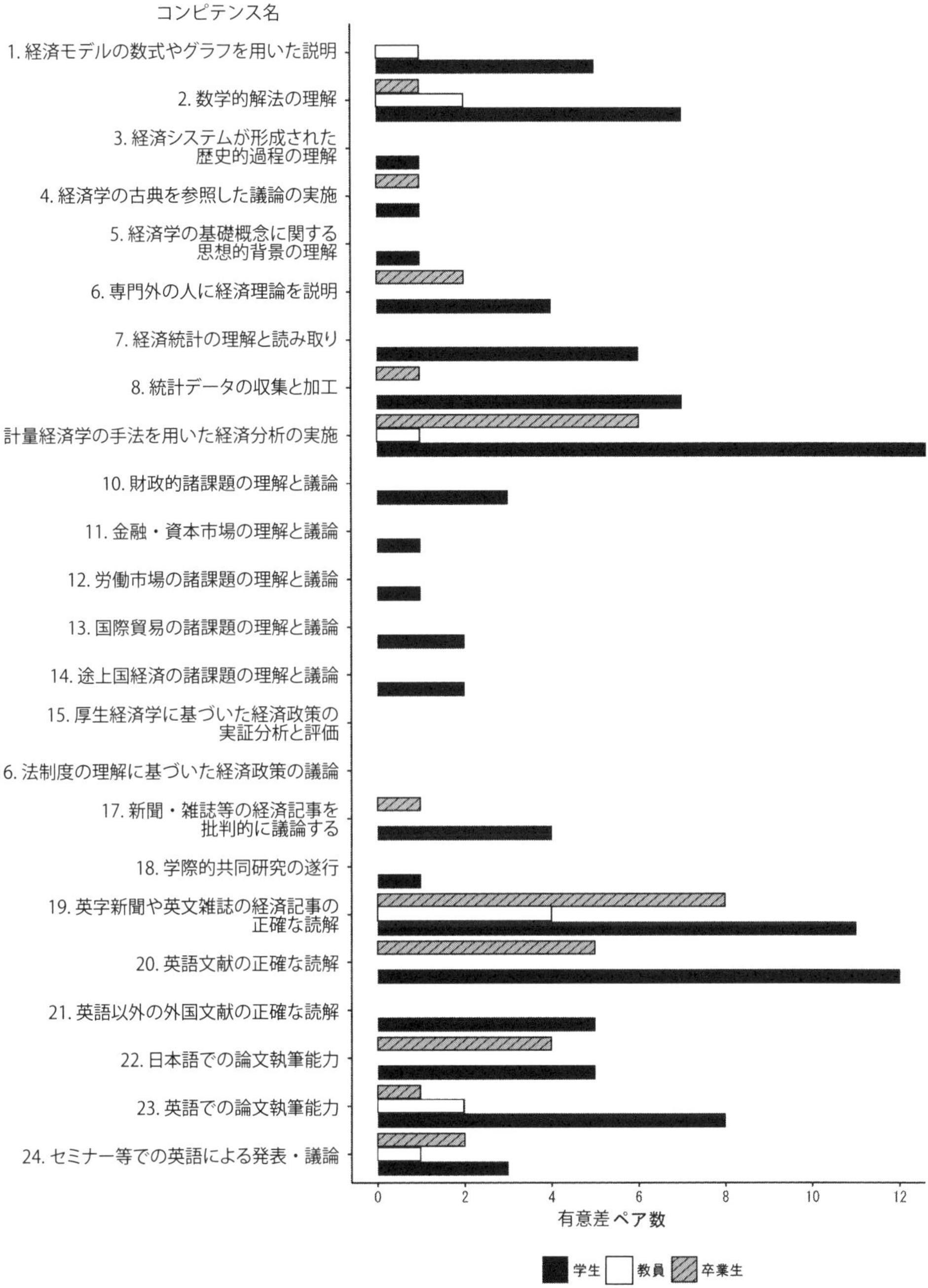

第5章　大学間の違いはどのようなコンピテンスで見られるのか　99

| コンピテンス名 |
|---|
| 1. 経済モデルの数式やグラフを用いた説明 |
| 2. 数学的解法の理解 |
| 3. 経済システムが形成された歴史的過程の理解 |
| 4. 経済学の古典を参照した議論の実施 |
| 5. 経済学の基礎概念に関する思想的背景の理解 |
| 6. 専門外の人に経済理論を説明 |
| 7. 経済統計の理解と読み取り |
| 8. 統計データの収集と加工 |
| 9. 計量経済学の手法を用いた経済分析の実施 |
| 10. 財政的諸課題の理解と議論 |
| 11. 金融・資本市場の理解と議論 |
| 12. 労働市場の諸課題の理解と議論 |
| 13. 国際貿易の諸課題の理解と議論 |
| 14. 途上国経済の諸課題の理解と議論 |
| 15. 厚生経済学に基づいた経済政策の実証分析と評価 |
| 16. 法制度の理解に基づいた経済政策の議論 |
| 17. 新聞・雑誌等の経済記事を批判的に議論する |
| 18. 学際的共同研究の遂行 |
| 19. 英字新聞や英文雑誌の経済記事の正確な読解 |
| 20. 英語文献の正確な読解 |
| 21. 英語以外の外国文献の正確な読解 |
| 22. 日本語での論文執筆能力 |
| 23. 英語での論文執筆能力 |
| 24. セミナー等での英語による発表・議論 |

有意差ペア数

■ 学生　□ 教員　▨ 卒業生

**図 5-5　コンピテンス別の大学ペアの有意差数**（経済学・習得度）

> ビジネス

① 各大学の平均値

各大学の重要度と習得度の位置づけを図5-6に、記述統計を表5-5に示します。散布図からは、大学1がやや外れ値のようですが、大学はおおよそ右上がりの直線上に位置づき、大学間の違いは、重要度も習得度も最大でも0.5程度だということが分かります。

表5-5では、対象者別の違いも分かります。重要度と習得度の両方で大学3が高い数値を示しますが、特に学生と教員は常に高い認識を示します。対して、大学6は学生と卒業生共に重要度と習得度のいずれにおいても低い値を示します。

② 大学間ペアの認識の近さ

表5-6と表5-7にビジネスコンピテンス認識の大学間相関を示します。これら2つの表からは、卒業生の相関に続いて学生の相関が強く、教員はより弱い相関を示します。対象者によって大学間の近さは異なることが分かります。

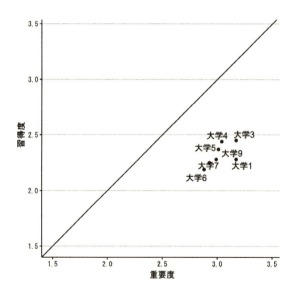

図5-6 ビジネスコンピテンス認識の大学分布

表 5-5 ビジネスコンピテンス認識の大学別記述統計

| | 重要度 | | | | | | | | 習得度 | | | | | | | |
|---|---|---|---|---|---|---|---|---|---|---|---|---|---|---|---|---|
| | 全体 | | 学生 | | 教員 | | 卒業生 | | 全体 | | 学生 | | 教員 | | 卒業生 | |
| | Mean | SD | Mean | SD | Mean | SD | Mean | SD | Mean | SD | Mean | SD | Mean | SD | Mean | SD |
| 大学1 | 3.17 | 0.74 | 3.19 | 0.74 | 3.09 | 0.75 | | | 2.28 | 0.91 | 2.29 | 0.93 | 2.24 | 0.75 | | |
| 大学3 | 3.17 | 0.81 | 3.25 | 0.75 | 3.25 | 0.81 | 2.92 | 0.93 | 2.45 | 0.91 | 2.48 | 0.91 | 2.66 | 0.91 | 2.36 | 0.91 |
| 大学4 | 3.04 | 0.88 | 3.13 | 0.80 | 3.21 | 0.76 | 2.91 | 0.97 | 2.44 | 0.93 | 2.48 | 0.93 | 2.69 | 0.83 | 2.35 | 0.93 |
| 大学5 | 3.01 | 0.85 | | | | | 2.99 | 0.87 | 2.37 | 0.91 | | | | | 2.35 | 0.93 |
| 大学6 | 2.88 | 0.92 | 3.09 | 0.76 | | | 2.78 | 0.99 | 2.19 | 0.84 | 2.47 | 0.90 | | | 2.07 | 0.79 |
| 大学7 | 2.93 | 0.96 | | | 2.96 | 0.79 | 2.83 | 1.01 | 2.25 | 0.92 | | | 2.63 | 0.73 | 2.15 | 0.94 |
| 大学9 | 2.99 | 0.92 | 3.20 | 0.84 | | | 2.96 | 0.93 | 2.28 | 0.93 | 2.42 | 0.96 | | | 2.26 | 0.93 |

表 5-6 ビジネスコンピテンス認識の大学間相関【重要度】

学 生

| | 大学1 | 大学3 | 大学4 | 大学6 | 大学9 |
|---|---|---|---|---|---|
| 大学1 | 1 | | | | |
| 大学3 | 0.789 *** | 1 | | | |
| 大学4 | 0.824 *** | 0.849 *** | 1 | | |
| 大学6 | 0.692 *** | 0.634 *** | 0.675 *** | 1 | |
| 大学9 | 0.804 *** | 0.820 *** | 0.887 *** | 0.748 *** | 1 |

教 員

| | 大学1 | 大学3 | 大学4 | 大学7 |
|---|---|---|---|---|
| 大学1 | 1 | | | |
| 大学3 | 0.544 *** | 1 | | |
| 大学4 | 0.753 *** | 0.424 ** | 1 | |
| 大学7 | 0.574 *** | 0.534 *** | 0.623 *** | 1 |

卒業生

| | 大学3 | 大学4 | 大学5 | 大学6 | 大学7 | 大学9 |
|---|---|---|---|---|---|---|
| 大学3 | 1 | | | | | |
| 大学4 | 0.945 *** | 1 | | | | |
| 大学5 | 0.887 *** | 0.911 *** | 1 | | | |
| 大学6 | 0.884 *** | 0.904 *** | 0.920 *** | 1 | | |
| 大学7 | 0.887 *** | 0.900 *** | 0.856 *** | 0.888 *** | 1 | |
| 大学9 | 0.934 *** | 0.944 *** | 0.929 *** | 0.942 *** | 0.892 *** | 1 |

表 5-7　ビジネスコンピテンス認識の大学間相関【習得度】

**学　生**

|  | 大学 1 | 大学 3 | 大学 4 | 大学 6 | 大学 9 |
|---|---|---|---|---|---|
| 大学 1 | 1 | | | | |
| 大学 3 | 0.725 *** | 1 | | | |
| 大学 4 | 0.754 *** | 0.756 *** | 1 | | |
| 大学 6 | 0.758 *** | 0.659 *** | 0.616 *** | 1 | |
| 大学 9 | 0.693 *** | 0.568 *** | 0.477 *** | 0.592 *** | 1 |

**教　員**

|  | 大学 1 | 大学 3 | 大学 4 | 大学 7 |
|---|---|---|---|---|
| 大学 1 | 1 | | | |
| 大学 3 | 0.347 * | 1 | | |
| 大学 4 | 0.741 *** | 0.200 | 1 | |
| 大学 7 | 0.542 *** | 0.284 | 0.547 *** | 1 |

**卒業生**

|  | 大学 3 | 大学 4 | 大学 5 | 大学 6 | 大学 7 | 大学 9 |
|---|---|---|---|---|---|---|
| 大学 3 | 1 | | | | | |
| 大学 4 | 0.828 *** | 1 | | | | |
| 大学 5 | 0.811 *** | 0.831 *** | 1 | | | |
| 大学 6 | 0.709 *** | 0.784 *** | 0.826 *** | 1 | | |
| 大学 7 | 0.655 *** | 0.697 *** | 0.768 *** | 0.598 *** | 1 | |
| 大学 9 | 0.604 *** | 0.749 *** | 0.775 *** | 0.861 *** | 0.624 *** | 1 |

　学生：重要度の相関は、7ペアが0.7以上、残り3ペアが中位の相関を示します。習得度は重要度よりもやや弱く、10ペア中6ペアが0.4以上0.7未満の中程度の相関を示し、4ペアが0.7以上の強い相関を示します。

　教員：教員の認識は低位から中位の相関結果を示します。特に大学3の教員の習得度認識は他大学（大学1、大学4、大学7）とは弱い相関を示します。

　卒業生：卒業生の重要度相関は0.85以上と強い相関を示します。習得度では15ペア中、0.6程度の5ペア以外は0.7以上の相関を示します。学生や教員と比

べて大学間の認識は近いと言えます。

③　大学間で違いはあるのか
　分散分析の結果を見ると、重要度と習得度の両方で、全対象者（学生、教員、卒業生）に有意な違いが示されています。いずれかの大学間ペアに違いがあることが分かります。

④　大学間で異なるコンピテンス数はどの程度か
　図 5-7 に、有意差を示すコンピテンス数を横軸に、大学ペア数を縦軸にした図を示します。なお、大学ペアの組合せとして、学生は 10 大学ペア、教員は 6 大学ペア、卒業生は 15 ペアあります。重要度では、有意差を示すコンピテンスが 0 や 1 の大学ペア数が最も多いことが分かります。習得度について見ると、卒業生は有意差を示すコンピテンス数が 1 つの大学間ペア数が 5 と最も多く、有意差を示すコンピテンス数は最大でも 5 です。学生と教員はそもそも大学間ペア数が少ないのですが、学生では有意差を示すコンピテンス数は 3 以下が最も多くなっており（最大で 2 大学ペア数）、最大の有意差を示すコンピテンス数は学生で 9、教員で 7（それぞれ大学間ペア数は 1 つ）です。よって、経済学と同様に、大学間ペアで違いを示すコンピテンス数は多くないことが分かります。

⑤　大学間の違いはどのようなコンピテンスで見られるのか
　コンピテンス別の大学ペアの有意差数を図 5-8（重要度）と図 5-9（習得度）に示します。まず重要度のグラフを見ると、学生と卒業生では共通する部分と同時に、若干の違いが確認されます。学生と卒業生共に違いが示されるのは「3．ビジネスの基礎用語を説明」（どちらも 4 ペア）です。学生は他に「7．専門書籍の正確な理解」（4 ペア）、「17．理論に基づき企業活動を考察する」（3 ペア）、「18．分析枠組に基づき企業行動を考察する」（3 ペア）で違いが見られます。卒業生は「13．ビジネスに関する英語での口頭コミュニケーション」（2 ペア）で違いが見られます。教員には大学間の違いがほとんど示されていません。
　次に習得度を見ると、3 種類の対象者に共通して、大学間の違いが多いのは英語に関連するコンピテンスです。学生では、「12．英語のネット情報の正確な

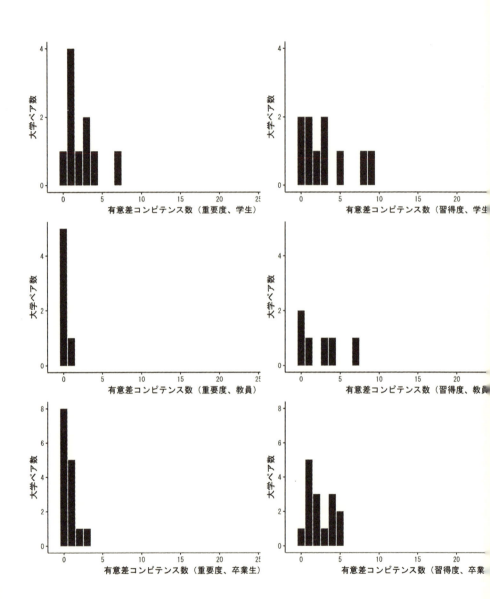

図 5-7 大学ペアの有意差を示すコンピテンス数（ビジネス）

理解」（4 ペア）で違いが見られます。教員では、ほとんどのコンピテンスで違いが示されません。一番多くのペアで有意差を示すのは No.12 のコンピテンス（3 ペア）であり、「13. ビジネスに関する英語での口頭コミュニケーション」（2 ペア）が続きます。卒業生では、「11．専門的英文書籍・論文の正確な理解」（4 ペア）において違いが示されています。学生と卒業生は共通して、「18. 分析枠組に基づき企業行動を考察」や「19. マーケティングの基本概念に基づき現象を考察」で大学間の違いが多く示されます。具体的には、学生では、No.18（4 ペア）や「15. ビジネスの統計分析」（3 ペア）、No.19（3 ペア）で比較的多くの違いが見られます。卒業生も学生と同じ傾向を示します。最も多いのは No. 18（6 ペア）や No. 19（5 ペア）のコンピテンスです。

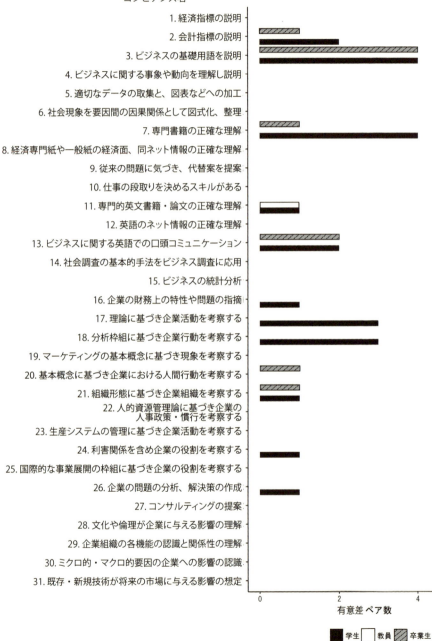

図 5-8　コンピテンス別の大学ペアの有意差数（ビジネス・重要度）

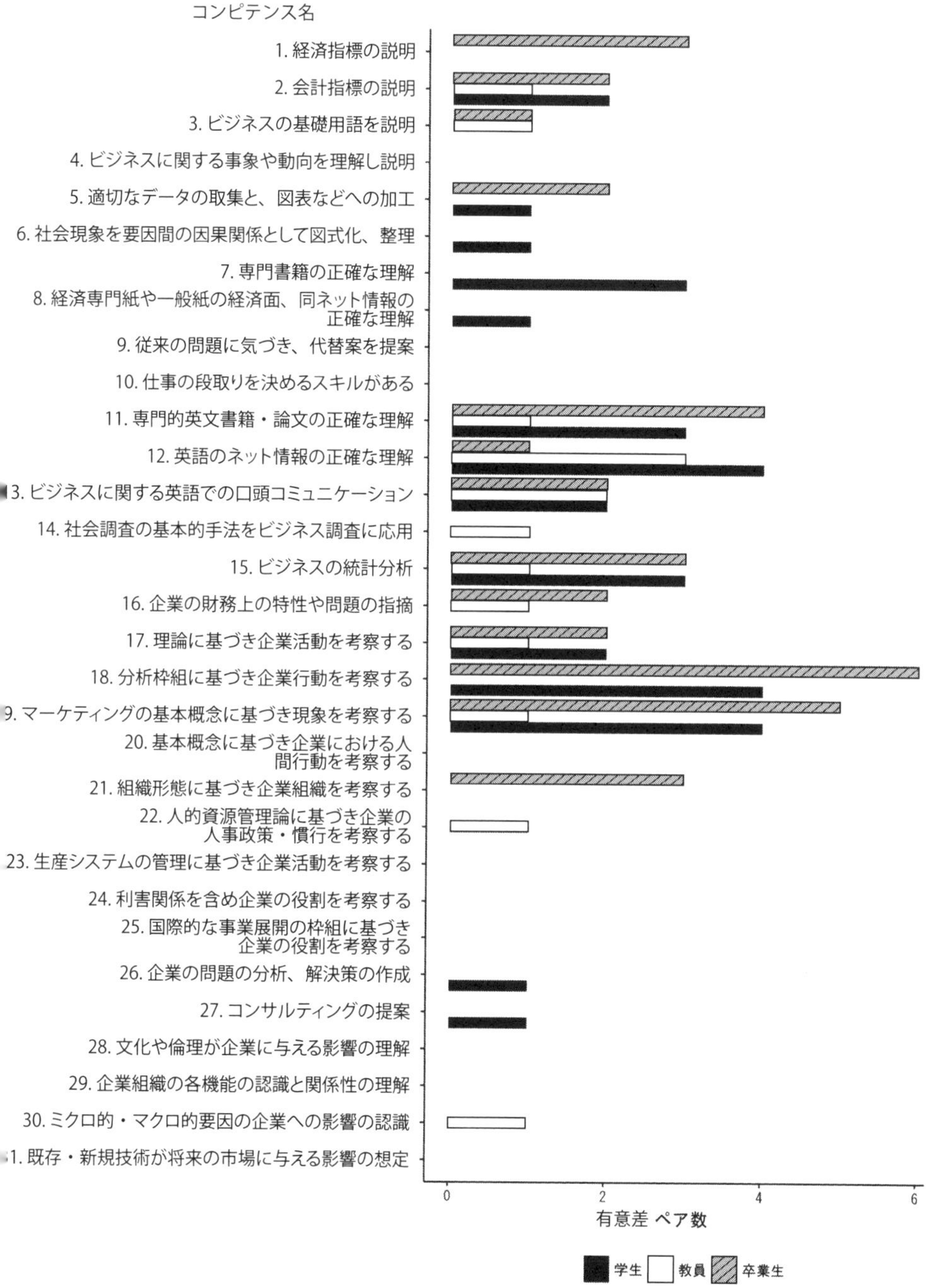

第 5 章　大学間の違いはどのようなコンピテンスで見られるのか　107

| コンピテンス名 | |
|---|---|
| 1. 経済指標の説明 | |
| 2. 会計指標の説明 | |
| 3. ビジネスの基礎用語を説明 | |
| 4. ビジネスに関する事象や動向を理解し説明 | |
| 5. 適切なデータの取集と、図表などへの加工 | |
| 6. 社会現象を要因間の因果関係として図式化、整理 | |
| 7. 専門書籍の正確な理解 | |
| 8. 経済専門紙や一般紙の経済面、同ネット情報の正確な理解 | |
| 9. 従来の問題に気づき、代替案を提案 | |
| 10. 仕事の段取りを決めるスキルがある | |
| 11. 専門的英文書籍・論文の正確な理解 | |
| 12. 英語のネット情報の正確な理解 | |
| 13. ビジネスに関する英語での口頭コミュニケーション | |
| 14. 社会調査の基本的手法をビジネス調査に応用 | |
| 15. ビジネスの統計分析 | |
| 16. 企業の財務上の特性や問題の指摘 | |
| 17. 理論に基づき企業活動を考察する | |
| 18. 分析枠組に基づき企業行動を考察する | |
| 19. マーケティングの基本概念に基づき現象を考察する | |
| 20. 基本概念に基づき企業における人間行動を考察する | |
| 21. 組織形態に基づき企業組織を考察する | |
| 22. 人的資源管理論に基づき企業の人事政策・慣行を考察する | |
| 23. 生産システムの管理に基づき企業活動を考察する | |
| 24. 利害関係を含め企業の役割を考察する | |
| 25. 国際的な事業展開の枠組に基づき企業の役割を考察する | |
| 26. 企業の問題の分析、解決策の作成 | |
| 27. コンサルティングの提案 | |
| 28. 文化や倫理が企業に与える影響の理解 | |
| 29. 企業組織の各機能の認識と関係性の理解 | |
| 30. ミクロ的・マクロ的要因の企業への影響の認識 | |
| 31. 既存・新規技術が将来の市場に与える影響の想定 | |

有意差 ペア数

■ 学生　□ 教員　▨ 卒業生

**図 5-9　コンピテンス別の大学ペアの有意差数**（ビジネス・習得度）

**地球科学**

### ① 各大学の平均値

各大学の重要度と習得度の記述統計を**表 5-8** に示します。重要度と習得度のどちらにおいても、大学の違いは 0.1 程度と小さいことが分かります。

表 5-8　地球科学コンピテンス認識の大学別記述統計

| | 重要度 | | | | | | | 習得度 | | | | | | |
|---|---|---|---|---|---|---|---|---|---|---|---|---|---|---|
| | 全体 | | 学生 | | 教員 | | 卒業生 | | 全体 | | 学生 | | 教員 | | 卒業生 | |
| | Mean | SD | Mean | SD | Mean | SD | Mean | SD | Mean | SD | Mean | SD | Mean | SD | Mean | SD |
| 大学 5 | 3.36 | 0.84 | | | | | | | 2.40 | 0.91 | | | | | | |
| 大学 12 | 3.31 | 0.76 | | | 3.30 | 0.69 | 3.22 | 0.90 | 2.54 | 0.95 | | | 2.50 | 0.85 | 2.46 | 1.03 |
| 大学 14 | 3.25 | 0.75 | 3.25 | 0.79 | 3.19 | 0.66 | 3.31 | 0.70 | 2.44 | 0.85 | 2.45 | 0.91 | 2.43 | 0.73 | 2.43 | 0.80 |

### ② 大学間ペアの認識の近さ

教員の重要度も習得度も相関係数は 0.6 程度で中程度の相関が見られますが、卒業生の重要度の相関係数は 0.35 と低いことが分かります。

### ③ 大学間で違いはあるのか

地球科学は 2 大学間の差を見ています。全体では違いが見られますが、教員の習得度では違いが見られません。

### ④ 大学間で異なるコンピテンス数はどの程度か

大学間ペアは教員の重要度では 3 つ、習得度では 2 つ、卒業生の重要度では 2 つのコンピテンスで違いが見られました。

### ⑤ 大学間の違いはどのようなコンピテンスで見られるのか

教員の重要度認識で違いが見られるコンピテンスは 3 つあり、「16．機器の適切な操作と測定」、「17．データの統計的処理」、「31．地球科学に関わる社会的問題について意見を持つ」、卒業生の重要度認識では「8．観察に基づいた問

いの設定」、「19. 同分野の専門家と議論」の2つです。教員の習得度では2つのコンピテンス(「9. 地球科学モデルの構築」、「14. 計算機を用いたシミュレーション・分析」)で大学間の違い示されました。

### 物理学

#### ① 各大学の平均値

各大学の重要度の記述統計を**表 5-9**に示します。大学平均値の幅は、学生で0.17、教員で0.19、卒業生で0.05とさほど大きくないことが分かります。

**表 5-9 物理学コンピテンス認識の大学別記述統計**

| | 重要度 | | | | | | | |
|---|---|---|---|---|---|---|---|---|
| | 全体 | | 学生 | | 教員 | | 卒業生 | |
| | Mean | SD | Mean | SD | Mean | SD | Mean | SD |
| 大学 14 | 3.08 | 0.94 | 3.07 | 0.97 | 3.23 | 0.72 | 2.98 | 0.91 |
| 大学 15 | 3.06 | 0.92 | 3.08 | 0.92 | 3.04 | 0.85 | 3.03 | 0.95 |
| 大学 9 | 3.18 | 0.86 | 3.18 | 0.86 | 3.15 | 0.81 | | |
| 大学 13 | 3.20 | 0.91 | 3.24 | 0.90 | | | | |
| 大学 16 | 3.11 | 0.89 | 3.11 | 0.89 | 3.11 | 0.88 | | |

#### ② 対象者別の相関係数

**表 5-10**に大学間の相関を示します。重要度の認識において、学生は0.9以上、教員は0.7以上、卒業生は0.8以上といずれも大学間で高い相関係数を示します。

#### ③ 大学間で違いはあるのか

卒業生には違いが見られませんが、学生と教員では大学間の違いが示されています。

#### ④ 大学間で異なるコンピテンス数はどの程度か

大学ペア数は学生が10であり、教員は6ペア、卒業生は1ペアです。学生に

おいては大学間の違いが0であるペアが7であり、教員や卒業生も異なるペア数は0か1なので、大学間では差が無いか、差があってもごく少ないことが分かります。

⑤ 大学間の違いはどのようなコンピテンスで見られるのか

学生の重要度で大学間の違いがもっとも多いのは「5．倫理意識」（3ペア）です。教員は2つの、卒業生は1つのコンピテンスに大学間の違いが示されています。この違いはいずれも1ペアにおいてのみ示されています（図5-10、5-11）。

表5-10　物理学コンピテンス認識の大学間相関【重要度】

学　生

|  | 大学9 | 大学13 | 大学14 | 大学15 | 大学16 |
| --- | --- | --- | --- | --- | --- |
| 大学9 | 1 | | | | |
| 大学13 | 0.919 *** | 1 | | | |
| 大学14 | 0.943 *** | 0.916 *** | 1 | | |
| 大学15 | 0.930 *** | 0.946 *** | 0.918 *** | 1 | |
| 大学16 | 0.926 *** | 0.935 *** | 0.961 *** | 0.969 *** | 1 |

教　員

|  | 大学9 | 大学14 | 大学15 | 大学16 |
| --- | --- | --- | --- | --- |
| 大学9 | 1 | | | |
| 大学14 | 0.831 *** | 1 | | |
| 大学15 | 0.933 *** | 0.872 *** | 1 | |
| 大学16 | 0.935 *** | 0.782 *** | 0.927 *** | 1 |

卒業生

|  | 大学14 | 大学15 |
| --- | --- | --- |
| 大学14 | 1 | |
| 大学15 | 0.855 *** | 1 |

第 5 章 大学間の違いはどのようなコンピテンスで見られるのか 111

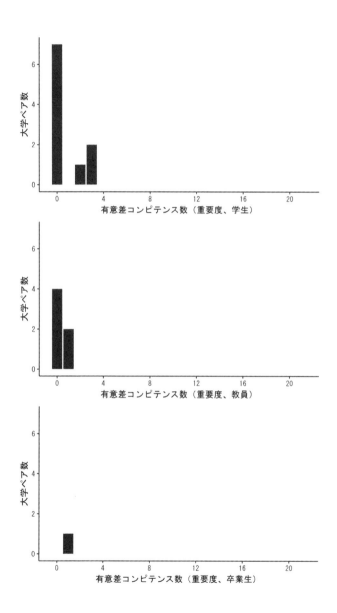

図 5-10 大学ペアの有意差を示すコンピテンス数（物理学・重要度）

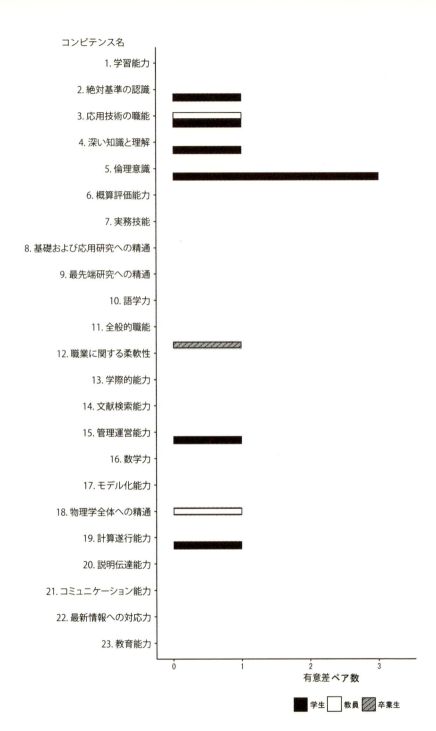

図 5-11 コンピテンス別の大学ペアの有意差数（物理学・重要度）

## 化 学

### ① 各大学の平均値

各大学の重要度の記述統計を**表 5-11** に示します。各対象者間の大学平均値の幅は、学生で 0.03、教員で 0.26 であり、学生においては大学間の差は小さいことが分かります。

表 5-11　化学コンピテンス認識の大学別記述統計

| | 重要度 | | | | | | | |
|---|---|---|---|---|---|---|---|---|
| | 全体 | | 学生 | | 教員 | | 卒業生 | |
| | Mean | SD | Mean | SD | Mean | SD | Mean | SD |
| 大学 15 | 3.23 | 0.84 | 3.24 | 0.84 | 3.20 | 0.81 | 3.24 | 0.88 |
| 大学 9 | 3.28 | 0.81 | 3.27 | 0.81 | 3.31 | 0.76 | | |
| 大学 13 | 3.18 | 0.81 | 3.26 | 0.79 | 3.05 | 0.82 | | |

### ② 対象者別の相関係数

学生も教員も 0.8 以上の強い相関を示します。大学間での重要度認識が強い相関を持つことが分かります。

### ③ 分散分析

分散分析の結果では学生では差が見られませんでしたが、教員では差が見られました。

### ④ 大学間で異なるコンピテンス数はどの程度か

学生も教員も、重要度の大学間の差は 1 つのコンピテンスで見られます。

### ⑤ 大学間の違いはどのようなコンピテンスで見られるのか

学生は「18. 科学的な議論」（1 ペア）で、教員は「8. 特定分野の深い理解を得る」（2 ペア）で違いが示されています。

### 土木工学

#### ① 各大学の平均値

各大学の重要度の記述統計を**表 5-12** に示します。各対象者間の大学平均値の幅は、学生で 0.16、教員で 0.35、卒業生 0.07 です。教員の差がやや大きいことが分かります。

表 5-12　土木工学コンピテンス認識の大学別記述統計

|  | 重要度 | | | | | | | |
|---|---|---|---|---|---|---|---|---|
|  | 全体 | | 学生 | | 教員 | | 卒業生 | |
|  | Mean | SD | Mean | SD | Mean | SD | Mean | SD |
| 大学 15 | 3.00 | 0.89 | 3.07 | 0.85 | 2.89 | 0.84 | 2.96 | 0.97 |
| 大学 9 | 3.15 | 0.82 | 3.15 | 0.83 | 3.24 | 0.78 |  |  |
| 大学 13 | 3.16 | 0.82 | 3.23 | 0.79 | 3.23 | 0.74 | 3.03 | 0.86 |

#### ② 対象者別の相関係数

学生と卒業生は 0.7 以上の強い相関が見られます。これに対して教員は 0.24 や 0.46 など弱いかやや弱い相関を示します。

#### ③ 分散分析

卒業生には違いが見られませんが、学生と教員では大学間の違いが示されています。

#### ④ 大学間で異なるコンピテンス数はどの程度か

大学ペアの組合せは、学生と教員が 3 大学ペア、卒業生は 1 ペアあります。**図 5-12** を見ると、教員と卒業生の各 1 ペアずつは 5 つのコンピテンスで有意に異なります。5 つのコンピテンスは、有意に異なるコンピテンス数としては最大の値なので、大学間で異なっていてもその違いはコンピテンス 5 以下であることが分かります。

第 5 章　大学間の違いはどのようなコンピテンスで見られるのか

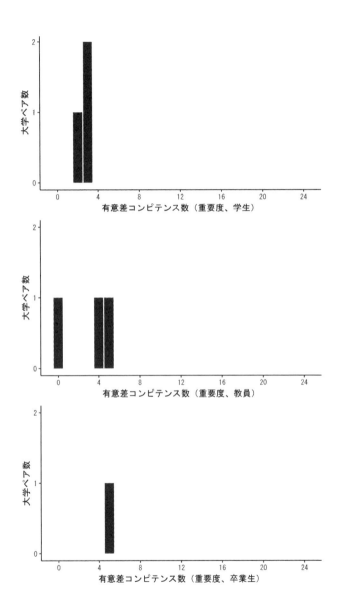

図 5-12　大学ペアの有意差を示すコンピテンス数（土木工学・重要度）

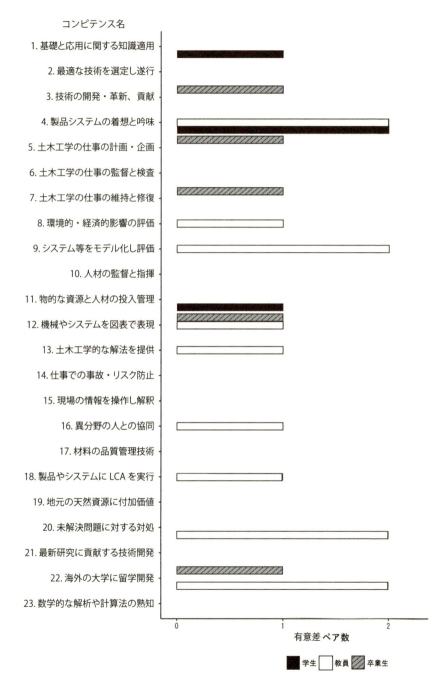

図 5-13 コンピテンス別の大学ペアの有意差数（土木工学・重要度）

⑤ 大学間の違いはどのようなコンピテンスで見られるのか

　学生では 5 つのコンピテンスに違いが見られ、うち 3 つのコンピテンス（「4．製品やシステムの着想と吟味」、「20．未解決問題に対する対処」、「22．海外の大学に留学」）は、2 ペアで異なり、残りの 2 つは 1 ペアで異なります。教員では 7 つのコンピテンスに違いが見られ、うち 2 つのコンピテンス（「4．製品やシステムの着想と吟味」、「9．システム等をモデル化し評価」）のみ 2 ペアで異なり、残りの 5 つは 1 ペアで異なります。卒業生は 5 つのコンピテンスで違いが見られ、いずれも 1 ペアの違いです（**図 5-13**）。

## 2　まとめ

　6 分野で大学間の差を見ました。うち経済学とビジネスの分野では大学数が多く比較結果が安定していると考えられます。そこで経済学とビジネスについてまとめると次のような結果となりました。重要度と習得度の認識で大学平均を見ると、大学はほぼ右上がりの直線状に位置づきます。重要度を高く認識する大学は習得度も高く認識する傾向が分かります。また、大学間の認識は学生や卒業生において近く、教員は一部大学間で中位や低位の相関も見られました。大学間の違いを示すコンピテンス数を分散分析によって見ると、多くの大学ペアは 0 を中心として 5 以下のコンピテンスで違いを示します。大学間の違いが多く示されるコンピテンスは英語読解です。

**注**
1　有意差　意味のある差のことです。観察上得られた結果は、通常、誤差や偶然を含んでいます。そこで、観察により得られた結果が誤差や偶然ではなく意味のある差（仮説と観察結果の差）の場合に、有意差と称します。誤差や偶然によって得られる確率が小さいほど「めったにない」（有意である）と考えられ、統計的な処理をした結果の「p 値」によって設定します。$p<0.05$ と書いてあった場合、単なる偶然で生じた差（誤差）でしかない確率が 5% 未満、ということを意味します。多くの場合、有意と見なす水準は 0.05 ですが、より厳しい水準を使うことも、0.10 などのより緩い基準を使うこともあります。
2　分散分析　3 つ以上のグループからなるデータを扱う場合などに、各グループの分散（平均値からどれだけ散らばっているかの指標）を元にグループ間の平均値に違いがあるか無いかを明らかにする手法です。この時、各グループの平均は等しいという仮説を検定します。ここで有意差が認められると、各グループ間に差があることになります。

**3　多重比較**　分散分析などにより、複数のグループの平均値に全体として差が見られたときでも、全てのグループ間に差が認められるわけではありません。多重比較は、どのグループの間に差があるかを検定するための手法です。

> **コラム 5　日本の大学と海外の大学で身に付く能力に違いはあるのか**
>
> 　日本の高校卒業生の大多数は日本の大学に進学します。しかし近年のメディアは、日本の最高学府を滑り止めにして、世界大学ランキングトップクラスの海外大学を目指すケースを紹介しています。話題になるくらいなので日本のごくごく一部の優秀な生徒のみにしても、なぜ彼らは高校卒業後に日本の大学ではなく海外の大学を目指すのでしょうか。
>
> 　大学に進学すると、通常は 4 年間という時間と大学教育に必要な学費や生活費などがかかります。これだけの時間とお金を費やす先の大学は、どのように選べばいいのでしょうか。自分が入学できる限りの偏差値の高い大学を取りあえず選ぶという選択肢もあります。もちろんどの大学に行くかよりも行った先の大学で何をするのかが肝要です。ですが、「朱に交われば赤くなる」のように周りの学生の影響もあるので、どの大学に行くかは重要だとここでは考えます。
>
> 　将来どのような職を目指すのかは決まっていないけど、大学に進学できる学力や経済的状況にあり、日本か海外かの大学を選べる自由があるとしたら、どちらの大学を選べばよいのでしょうか。例えば欧米の大学で学ぶことと、日本の大学で学ぶことは、大差がないのでしょうか。日本にいてもその気になれば英語は身に付くし、情報や流通はグローバルにあふれているので、実はあまり差がないかもしれません。でも大学ランキングでは欧米の大学はトップクラスだし、日本の大学は順位を落とし続けている、などなど、いろんな条件があるので良く分かりません。一体何を基準に大学を選択すればよいのでしょうか。
>
> 　では、ここで考えてみましょう。学力も見た目も能力もやる気もほぼ同じ高校卒業生の集団が幾つかあるとします。日本と海外の大学と言っても千差万別なので、日本と欧米のトップスクールや中堅大学など幾つかを選んで集団ごとに入学させます。さて 4 年後、どのような結果となっているでしょうか。こんな実験は実際にはできませんので、どうなるのか確かめようもありませんが、皆さんは大学によって教育成果の差は出ていると思われますか。どこかの大学だけ高い成果を上げる

などということが考えられますか。

　ここで、このような問いを考えるきっかけとなるアンケート結果をご紹介させて下さい。これはライトハウスというアメリカの日系出版社が 2017 年に Web アンケートを使って、アメリカ在住（永住、長期）日本人（保護者）に対して、自身の子供の進学について尋ねた結果です（Lighthouse 2017）。有効回答総数は 354 件と少ないのですが、興味深い結果を示しています。アメリカ在住日本人の子供ですので、基本的には現地（英語）の学校に通い、家庭や週末等で日本語を身に付けることで、英語に長けてはいますが、ほぼバイリンガルになっていると考えられます。また子供はアメリカの教育制度に馴染んでいますが、親は日本の教育制度を経験していると考えられます。つまり、日本とアメリカのどちらの大学にも進学できる素地があります。

　まず進学希望先ですが、アメリカの大学に進学予定が約 3 割、アメリカの大学に進学予定だが日本の大学も選択肢にある、は約 6 割となっています。つまりアメリカへの進学予定が 9 割を占めます。子供たちは既にアメリカでの暮らしに慣れているので、アメリカの大学に進学するほうが自然なのかもしれません。次に日米の大学を進学先として考える理由の回答結果を**コラム 5-図 1** と**コラム 5-図 2** に示します。日本の大学進学が選択肢にある場合とアメリカの大学が選択肢にある場合では、その理由が異なっています。

　日本の大学進学が選択肢にある場合の 1 位、2 位は、それぞれ（子供が）「日本を好きだから」、「アメリカの大学の学費が高いから（日本の方が経済的な負担が軽いから）」です。アメリカへの大学進学の場合、1 位、2 位は、「将来、アメリカ（企業）の方が活躍の機会に恵まれそうだから」、（子供は）「アメリカの大学や風土が向いていると思うから」です。子供の「好き」や「向いている」を除くと、経済的な負担では日本の大学に分が、将来の活躍を考えるのならばアメリカに分がありそうです。

　大学の学部進学を考える場合に、確かに日本の方がアメリカよりも平均的な学費負担が安い印象があります。これは非常に重要な、特に保護者にとっては切実なポイントです。しかしここで考えたいのは、「アメリカ（企業）の方が活躍の機会に恵まれそう」という選択肢を選ぶ背景です。アメリカの社会では活躍する機会に恵まれる、つまりチャンスや可能性があると信じられています。子供がアメリカ育ちだからかもしれません。そしてアメリカの大学では社会的な活躍の実現に向けて学ぶことができる、と捉えられているようです。アメリカの大学への 9 割近

い進学希望からは、高い学費を払ってでもアメリカの大学に進学するメリットをアメリカ在住日本人は感じていると言えます。そのメリットは何でしょうか。高度な専門英語能力は別として、もちろん会話程度の英語力の習得ではありませんよね。どの大学を出たら何が身に付くのか、それは（経済的な観点だけではなくても）卒業後にどう活かされるのか、という大学入学の先、大学卒業後を考える視点で大学が選ばれている点が注目に値します。

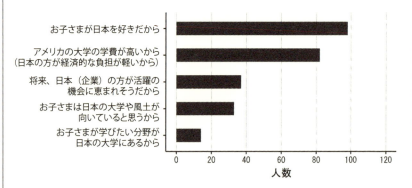

出典：Lighthouse Survey Report（2017）

**コラム5-図1　日本の大学が選択肢にある場合の理由**（複数回答可）

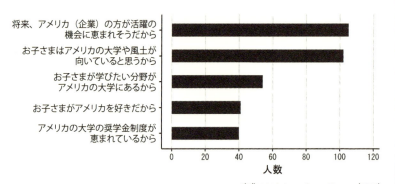

出典：Lighthouse Survey Report（2017）

**コラム5-図2　アメリカの大学が選択肢にある場合の理由**（複数回答可）

## 第6章　経済学とビジネスの詳細分析

　第6章では、対象とする分野を経済学とビジネスの2分野に絞り、より詳細な検討を行います。具体的には、学生・卒業生への質問項目の中から、教育への評価に関わる項目として「専門理解度」と「教育満足度」、仕事に関わる項目として「就職（希望）先関連度」という3つの変数（詳細は後述）を取り上げ、それらとコンピテンス認識の関係把握を中心とした分析を行います。以下では、まず、教育への評価（専門理解度、教育満足度）、専門分野と仕事との関連度はどの程度高いのかを確認し（第1節）、その上で、それら意識とコンピテンス認識がどのように関連しているのかを検討していきます（第2節）。第2節の内容は、第3回調査の報告書で行った分析をもとにしていますので、興味のある方はそちらもご覧になってください。

　本章では、特に学部教育にフォーカスした分析を行うために、第2回・3回調査に機関単位で参加した大学の学部学生および卒業生のデータのみを用いています。

### 1　学生・卒業生の教育への評価、専門分野と仕事との関連度はどの程度高いのか

　今回対象となった学生や卒業生は、かれらが受けている／受けた大学教育をどう評価しており、また職業選択の段階で、専門分野との関連をどのように考えているのでしょうか。これらをまず確認していきましょう。

　ここで取り上げるのは、専門理解度、教育満足度、就職（希望）先関連度の3つです。それぞれ以下の質問項目への回答がもとになっています。質問文にある

ように、専門理解度は分野の理解や関心の深まりを尋ねた項目、教育満足度は教育への総合評価を尋ねた項目となっています。一方、就職（希望）先関連度については、学生と卒業生で内容が異なっており、学生の場合は希望する仕事内容と専門分野の関係性、卒業生の場合は現在就いている仕事と専門分野の関係性を尋ねています。

**専門理解度**：「あなたが受けた専門分野の教育を通じて、分野の理解や関心が深まったと思いますか。」（学生・卒業生共通。「1. きわめて深まった」～「5. 全く深まらなかった」の5点尺度）。

**教育満足度**：「あなたが大学で学んでいる専門分野の教育を総合的にどう思いますか。」（学生）／「あなたが受けた大学教育を総合的にどう思いますか。」（卒業生）（どちらも「1. とても満足」～「5. とても不満」の5点尺度）。

**就職（希望）先関連度**：「現在あなたが専門とする分野の内容は、希望する仕事内容にどの程度関係すると考えますか。」（学生）／「あなたの専門分野の内容は、あなたの現在の仕事内容にどの程度関係していると考えますか。」（卒業生）（どちらも「1. 深く関係する」～「5. 全く関係しない」、「6. わからない」の6点尺度）。分析では、「わからない」への回答は除いています。

ただし、いずれの項目も、第2節での回帰分析では、順序（数値）を逆転して投入しています。

それでは、専門理解度、教育満足度、就職（希望）先関連度の順に、学生・卒業生の回答傾向を見ていきましょう。

まず、専門理解度については、**図6-1**に結果を示しています。経済学、ビジネスどちらの分野でも、学生の8割以上、卒業生の7割以上が、専門教育を通じて分野の理解や関心が「深まった」（「きわめて深まった」＋「ある程度深まった」）と答えています。調査参加大学の特性（研究型大学）を踏まえると、回答者の多くが大学入学時から高い学習意欲や学問への関心を持った層であると推測されますが、そうした入学以前から培われた個々人の特性がこうした専門理解度の高さに結び付いているのかもしれません。

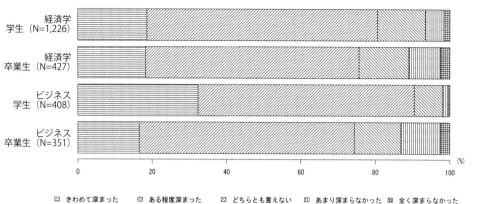

**図 6-1 専門理解度の度数分布**（分野・対象者別）

つぎに、教育満足度については、**図 6-2** に結果を示しています。経済学を見ると、学生、卒業生どちらの場合も「満足」（「とても満足」＋「まあ満足」）が 6 割 5 分を占めていることがわかります。他方、ビジネスでは、学生と卒業生で満足度に差があります。学生の 8 割以上が「満足」であるのに対して、卒業生ではその割合が 6 割弱にとどまっています。しかし、経済学、ビジネスどちらでも、「不満」の割合は 1 割前後であり、多くの学生や卒業生は、総合的に見た大学教育（専門教育）の在りようを肯定的に見ているようです。

そして最後に、就職（希望）先関連度については、**図 6-3** に示しています。ここから 2 つの特徴が読み取れそうです。第 1 に、経済学とビジネスを比較した場合、ビジネスの学生の方が、経済学の学生よりも、現在学んでいる専門分野の内容と関係する仕事に就きたいと希望している点です。「関係する」（「深く関係する」＋「ある程度関係する」）の割合は、経済学の学生では 5 割程度なのに対して、ビジネスでは 8 割弱に及んでいます。また、卒業生の回答を見ても、経済学と比べて、ビジネスを学んだ卒業生の方が、実際に現在専門分野と「関係する」仕事に就けていると考えているようです（経済学：約 4 割、ビジネス：5 割強）。第 2 に、経済学、ビジネスどちらの分野でも、学生よりも卒業生で、「関係する」の割合が低く、「関係しない」の割合が高い傾向が見られます。もちろん専門と「関係する」仕事に就いている卒業生も 4 割以上いますが、大学で学んだ専門分野の内

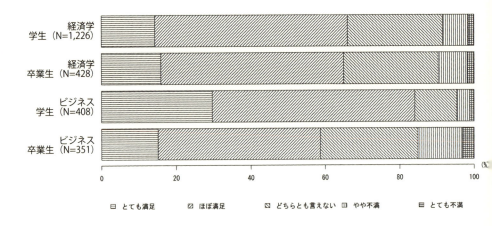

図 6-2　教育満足度の度数分布（分野・対象者別）

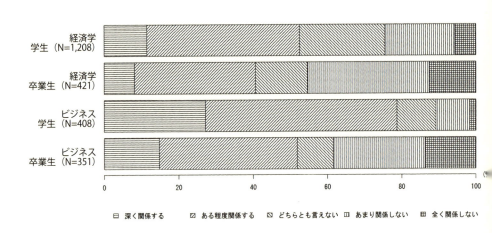

図 6-3　就職（希望）先関連度の度数分布（分野・対象者別）

容が活かせる仕事に就きたいと考えていても、現実にはそうなっていないケースが少なくないようです。

## 2 コンピテンス認識は、教育への評価、専門分野と仕事との関連度に影響するのか

それでは、これらの教育や仕事の意識に対して、コンピテンス認識は何か関連があるのでしょうか。経済学、ビジネスどちらについても、以下の手順を踏んで分析を進めていきます。

1. 専門コンピテンスをいくつかのグループにまとめます。もちろん教育・仕事への意識とコンピテンス認識との関係性を見ていく上で、すべてのコンピテンスをひとまとめにしたり、個々別々に検討したりしても良いのですが、ある程度の具体性を残しつつ効率的に分析を行うために、因子分析という手法を用いて、各分野の専門コンピテンスを4つのグループに集約しました[1]。それぞれのグループは因子と呼ばれます。因子分析[2]は、重要度、習得度それぞれについておこないました。

2. 因子分析をもとに作成された因子（重要度因子4つ、習得度因子4つ）のうち、どの因子が学生・卒業生の専門理解度、教育満足度、就職（希望）先関連度に影響するのかを回帰分析[3]をもとに検討します。ここでは、順序プロビット回帰分析という手法を採用しています。また、各因子が上記3変数に与える影響を出来るだけ正確に捉えられるよう、大学、性別、年齢による効果を統制するための変数を分析では投入しました[4]。**図6-4** は、今回行う回帰分析のイメージです。

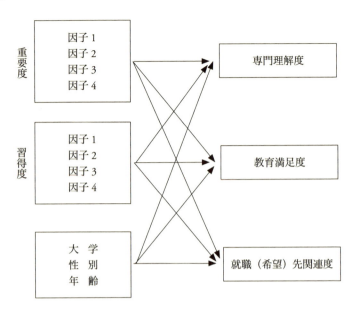

図6-4　回帰分析のイメージ

### 経済学

まず、経済学について見ていきましょう。

**(1) 専門コンピテンスをグループ化する：因子分析**

　表6-1 が、経済学の専門コンピテンス 24 項目について、因子分析を行った結果です。詳しい分析結果の説明は省きますが、重要度、習得度それぞれで、つぎのグループ（因子）に分類されました。

### 重要度因子
①「応用経済」：応用経済学分野での諸課題の理解・議論など（No. 10 – 17）
②「語学・研究」：英語や日本語での論文執筆、発表・議論など（No. 18 – 24）
③「理論・基礎」：経済学の歴史・思想、基礎的数学の理解など（No. 1 – 6）
④「統計・計量」：経済統計の理解や計量的手法など（No. 7 – 9）

**習得度因子**
①「応用・研究」：応用経済学分野での諸課題の理解・議論、共同研究遂行など（No. 10-18）
②「統計・計量」：経済統計や計量分析、基礎的数学の理解など（No. 1 – 2, 7-9）
③「専門語学」：英語等での論文執筆や発表議論など（No. 19 – 21, 23-24）
④「歴史・思想」：経済学における歴史・思想の理解や理論説明など（No. 3-6）

　重要度と習得度でコンピテンスのまとまり方に違いが見られますが、どちらの場合も、大まかには、統計・計量に関わる群、応用経済学に関わる群、英語などでの研究・議論に関わる群、そして理論（歴史・思想）に関わる群の4つに分かれました。
　これら8つの因子と専門理解度、教育満足度、そして就職（希望）先関連度との関係性を以下で示します。

### (2) コンピテンス認識の影響を見る：回帰分析

　前節では、専門の理解・関心が深まった、あるいは教育に満足という学生や卒業生が多数を占めていることがわかりましたが、かれらのそうした考えにコンピテンス認識—何を重要だとし、何を習得したと考えているか—の度合いが何らかの影響を持っているのでしょうか。また、専門分野の内容と関係する仕事に就きたい学生、あるいは就いている卒業生は、どのようなコンピテンス認識を持っているのでしょうか。それらの問いを検討します。
　なお、分析は、専門理解度、教育満足度、就職（希望）先関連度のすべての場合で、学生、卒業生別に行ないました。在学中か、卒業後かで、コンピテンス認識の効果が異なると考えられるためです。
　まず、**表6-2** が、経済学での専門理解度の結果です。特にコンピテンス項目に注目して見てみると、この表から以下のことがわかります（＊が2つ以上付いている項目を見てください）。第1に、学生の場合、応用経済学や統計・計量に関わる

## 表6-1 因子分析の結果(経済学)

| No. | コンピテンス名 | 全対象者 重要度 平均 | 重要度 因子 No.* | 習得度 平均 | 習得度 因子 No.* |
|---|---|---|---|---|---|
| 1 | 経済モデルの数式やグラフを用いた説明 | 2.79 | ③ | 2.38 | ② |
| 2 | 数学的解法の理解 | 2.37 | ③ | 2.13 | ② |
| 3 | 経済システムが形成された歴史的過程の理解 | 2.68 | ③ | 2.32 | ④ |
| 4 | 経済学の古典を参照した議論の実施 | 2.38 | ③ | 2.04 | ④ |
| 5 | 経済学の基礎概念に関する思想的背景の理解 | 2.66 | ③ | 2.26 | ④ |
| 6 | 専門外の人に経済理論を説明 | 3.09 | ③ | 2.42 | ④ |
| 7 | 経済統計の理解と読み取り | 3.32 | ④ | 2.50 | ② |
| 8 | 統計データの収集と加工 | 3.35 | ④ | 2.50 | ② |
| 9 | 計量経済学の手法を用いた経済分析の実施 | 2.86 | ④ | 2.07 | ② |
| 10 | 財政的諸課題の理解と議論 | 3.02 | ① | 2.19 | ① |
| 11 | 金融・資本市場の理解と議論 | 3.08 | ① | 2.23 | ① |
| 12 | 労働市場の諸課題の理解と議論 | 3.00 | ① | 2.24 | ① |
| 13 | 国際貿易の諸課題の理解と議論 | 2.93 | ① | 2.10 | ① |
| 14 | 途上国経済の諸課題の理解と議論 | 2.81 | ① | 2.02 | ① |
| 15 | 厚生経済学に基づいた経済政策の実証分析と評価 | 2.72 | ① | 2.00 | ① |
| 16 | 法制度の理解に基づいた経済政策の議論 | 2.78 | ① | 1.94 | ① |
| 17 | 新聞・雑誌等の経済記事を批判的に議論する | 3.42 | ① | 2.70 | ① |
| 18 | 学際的共同研究の遂行 | 2.64 | ② | 1.96 | ① |
| 19 | 英字新聞や英文雑誌の経済記事の正確な読解 | 2.91 | ② | 2.05 | ③ |
| 20 | 英語文献の正確な読解 | 2.62 | ② | 1.91 | ③ |
| 21 | 英語以外の外国語文献の正確な読解 | 2.13 | ② | 1.47 | ③ |
| 22 | 日本語での論文執筆能力 | 2.78 | ② | 2.12 | ① |
| 23 | 英語での論文執筆能力 | 2.36 | ② | 1.53 | ③ |
| 24 | セミナー等での英語による発表・議論 | 2.39 | ② | 1.50 | ③ |

\* 因子分析の結果をもとに、各因子に対応する項目に因子 No. を付した。重要度因子、習得度因子どちらの場合も、①が第1因子、②が第2因子、③が第3因子、④が第4因子を意味する。なお、因子の解釈は、因子負荷が0.4以上の項目を中心としている。
重要度因子:①「応用経済」、②「語学・研究」、③「理論・基礎」、④「統計・計量」。
習得度因子:①「応用・研究」、②「統計・計量」、③「専門語学」、④「歴史・思想」。

表6-2 専門理解度の順序プロビット回帰分析（経済学）

| 専門理解度（5段階） | 学生 | | 卒業生 | |
|---|---|---|---|---|
| | Coef. | S.E. | Coef. | S.E. |
| 重要度因子1（応用経済） | 0.155* | (0.093) | 0.292** | (0.135) |
| 重要度因子2（語学・研究） | -0.013 | (0.064) | 0.140 | (0.098) |
| 重要度因子3（理論・基礎） | 0.126* | (0.072) | -0.014 | (0.114) |
| 重要度因子4（統計・計量） | -0.004 | (0.076) | -0.066 | (0.115) |
| 習得度因子1（応用・研究） | 0.338*** | (0.104) | 0.303* | (0.161) |
| 習得度因子2（統計・計量） | 0.262*** | (0.080) | 0.361*** | (0.124) |
| 習得度因子3（専門語学） | -0.095 | (0.066) | -0.32*** | (0.105) |
| 習得度因子4（歴史・思想） | 0.120 | (0.078) | 0.085 | (0.123) |
| 大学2ダミー | -0.114 | (0.153) | - | - |
| 大学3ダミー | -0.093 | (0.141) | 0.803** | (0.354) |
| 大学4ダミー | 0.073 | (0.205) | 1.374*** | (0.487) |
| 大学5ダミー | 0.433* | (0.245) | 0.609* | (0.344) |
| 大学6ダミー | 0.000 | (0.131) | 0.779** | (0.356) |
| 大学8ダミー | 0.275 | (0.342) | - | - |
| 大学9ダミー | -0.086 | (0.111) | 0.602* | (0.331) |
| 大学10ダミー | -0.038 | (0.351) | 0.564 | (0.524) |
| 女性ダミー | 0.149** | (0.072) | -0.026 | (0.124) |
| 年齢 | 0.023 | (0.036) | 0.004 | (0.019) |
| Constant cut1 | 0.009 | (0.268) | 0.577 | (0.462) |
| Constant cut2 | 0.660** | (0.259) | 1.361*** | (0.456) |
| Constant cut3 | 1.376*** | (0.259) | 1.953*** | (0.459) |
| Constant cut4 | 3.305*** | (0.271) | 3.762*** | (0.478) |
| Observations | 1,152 | | 418 | |
| Pseudo R2 | 0.062 | | 0.080 | |

*** p<0.01, ** p<0.05, * p<0.1

コンピテンスの習得度が高い学生ほど、専門理解度が高くなっています。第2に、卒業生の場合、応用経済学に関わるコンピテンスを重要だと考える卒業生ほど、専門理解度が高いことがわかります。あるいは統計・計量に関わるコンピテンスの習得度が高い卒業生ほど、専門理解度が高くなります。ただし、専門語学の習得度は、専門理解度に対してマイナスの効果を持つようです。学生、卒業生どちらの場合も、統計・計量の習得は、専門に対する理解・関心の深まりと関係があるようです。

　つぎに、**表6-3**が、経済学での教育満足度の結果です。コンピテンス項目を見ると、学生、卒業生どちらの場合も、「習得度因子2（統計・計量）」のみが効果を示しています。つまり、統計・計量に関わるコンピテンスを習得している学生・卒業生は、専門理解度のみならず、教育満足度も高くなる可能性が示されたと言えます。

　最後に、**表6-4**が、経済学での就職（希望）先関連度の結果になります。これを見ると、学生の場合、応用経済学に関わるコンピテンスの重要性を高く評価している者ほど、現在の専門分野の内容と関係する仕事をより希望することがわかります。他方で、卒業生の場合は、重要度認識ではなく、習得度認識が効果を示しています。すなわち、応用経済学や研究に関わるコンピテンスの習得度が高い者ほど、実際に専門分野と関係する仕事に就いている傾向が見出されました。

表6-3 教育満足度の順序プロビット回帰分析（経済学）

| 教育満足度（5段階） | 学生 | | 卒業生 | |
|---|---|---|---|---|
| | Coef. | S.E. | Coef. | S.E. |
| 重要度因子1（応用経済） | 0.139 | (0.089) | 0.227* | (0.131) |
| 重要度因子2（語学・研究） | -0.047 | (0.062) | -0.019 | (0.095) |
| 重要度因子3（理論・基礎） | 0.050 | (0.069) | 0.157 | (0.109) |
| 重要度因子4（統計・計量） | -0.018 | (0.072) | -0.180 | (0.113) |
| 習得度因子1（応用・研究） | 0.182* | (0.099) | 0.090 | (0.155) |
| 習得度因子2（統計・計量） | 0.232*** | (0.077) | 0.298** | (0.119) |
| 習得度因子3（専門語学） | -0.063 | (0.063) | -0.116 | (0.100) |
| 習得度因子4（歴史・思想） | 0.078 | (0.075) | 0.039 | (0.119) |
| 大学2ダミー | -0.089 | (0.146) | - | - |
| 大学3ダミー | -0.387*** | (0.134) | 0.509 | (0.346) |
| 大学4ダミー | 0.009 | (0.198) | 0.591 | (0.471) |
| 大学5ダミー | -0.322 | (0.226) | 0.105 | (0.337) |
| 大学6ダミー | -0.365*** | (0.125) | 0.346 | (0.349) |
| 大学8ダミー | -0.414 | (0.316) | - | - |
| 大学9ダミー | -0.352*** | (0.107) | 0.152 | (0.325) |
| 大学10ダミー | -0.307 | (0.328) | 0.565 | (0.516) |
| 女性ダミー | 0.217*** | (0.069) | 0.158 | (0.120) |
| 年齢 | 0.078** | (0.035) | -0.004 | (0.018) |
| Constant cut1 | -0.668** | (0.261) | -0.716 | (0.461) |
| Constant cut2 | 0.161 | (0.249) | 0.104 | (0.443) |
| Constant cut3 | 1.167*** | (0.249) | 1.080** | (0.443) |
| Constant cut4 | 2.720*** | (0.257) | 2.545*** | (0.454) |
| Observations | 1,152 | | 419 | |
| Pseudo R2 | 0.034 | | 0.040 | |

*** $p<0.01$, ** $p<0.05$, * $p<0.1$

表6-4　就職（希望）先関連度の順序プロビット回帰分析（経済学）

| 就職（希望）先関連度<br>（5段階） | 学生 | | 卒業生 | |
|---|---|---|---|---|
| | Coef. | S.E. | Coef. | S.E. |
| 重要度因子1（応用経済） | 0.226*** | (0.088) | 0.042 | (0.129) |
| 重要度因子2（語学・研究） | -0.009 | (0.061) | 0.167* | (0.094) |
| 重要度因子3（理論・基礎） | -0.005 | (0.069) | 0.121 | (0.110) |
| 重要度因子4（統計・計量） | 0.042 | (0.071) | -0.050 | (0.113) |
| 習得度因子1（応用・研究） | -0.017 | (0.098) | 0.375** | (0.155) |
| 習得度因子2（統計・計量） | 0.145* | (0.075) | 0.174 | (0.117) |
| 習得度因子3（専門語学） | 0.041 | (0.062) | -0.046 | (0.100) |
| 習得度因子4（歴史・思想） | 0.103 | (0.074) | -0.187 | (0.118) |
| 大学2ダミー | 0.246* | (0.145) | - | - |
| 大学3ダミー | 0.188 | (0.134) | 0.273 | (0.346) |
| 大学4ダミー | -0.040 | (0.192) | 0.039 | (0.461) |
| 大学5ダミー | 0.159 | (0.230) | 0.221 | (0.339) |
| 大学6ダミー | 0.112 | (0.124) | 0.289 | (0.350) |
| 大学8ダミー | 0.237 | (0.317) | - | - |
| 大学9ダミー | -0.131 | (0.104) | 0.042 | (0.327) |
| 大学10ダミー | -0.118 | (0.322) | 0.170 | (0.506) |
| 女性ダミー | 0.008 | (0.068) | -0.039 | (0.120) |
| 年齢 | 0.032 | (0.034) | 0.014 | (0.018) |
| Constant cut1 | -0.102 | (0.248) | 0.384 | (0.445) |
| Constant cut2 | 0.804*** | (0.246) | 1.493*** | (0.449) |
| Constant cut3 | 1.446*** | (0.247) | 1.852*** | (0.451) |
| Constant cut4 | 2.787*** | (0.254) | 3.096*** | (0.461) |
| Observations | 1,136 | | 412 | |
| Pseudo R2 | 0.019 | | 0.036 | |

*** p<0.01, ** p<0.05, * p<0.1

## ビジネス

つづいて、ビジネス分野について見ていきましょう。

### (1) 専門コンピテンスをグループ化する：因子分析

表6-5が、ビジネスの専門コンピテンス31項目について、因子分析を行った結果です。詳しい分析結果の説明は省きますが、重要度、習得度それぞれで、つぎのグループ（因子）に分類されました。

**重要度因子**

①「理論的考察」：企業活動に関わる諸現象の考察・分析など（No. 15, 17–23, 27）

②「提案・問題解決」：企業が抱える諸課題の分析、問題解決策提案など（No. 5-6, 9-10, 24-26, 28-31）

③「英語・専門理解」：英語による専門的理解やコミュニケーションなど（No. 7, 11-14）

④「会計・ビジネス基礎」：会計やビジネスに関する基礎的な理解・説明など（No.1-4, 8, 16）

**習得度因子**

①「マネジメント」：企業活動・組織に関わる分析・考察など（No.10, 14, 18-29, 31）

②「専門基礎」：ビジネスに関わる諸現象の基礎的な理解・説明など（No.1, 3-6, 8-9, 30）

③「英語」：英語による専門理解やコミュニケーションなど（No.11-13, 15）

④「会計・財務」：会計や財務に関わる理解・説明など（No.2, 7, 16-17）

重要度と習得度で回答傾向が異なるため、コンピテンスのまとまり方が違っています。とはいえ、習得度でいえば、マネジメント（理論的考察、提案・問題解決）に関わる群、専門基礎に関わる群、英語に関わる群、そして会計・財務に関わる群の4つに分けて考えることが出来そうです。こうしたコンピテンスのグループ化

## 表6-5 因子分析の結果（ビジネス）

| No. | コンピテンス名 | 全対象者 重要度 平均 | 全対象者 重要度 因子No.* | 全対象者 習得度 平均 | 全対象者 習得度 因子No.* |
|---|---|---|---|---|---|
| 1 | マクロ経済指標の説明 | 2.85 | ④ | 2.30 | ② |
| 2 | 会計指標の説明 | 3.16 | ④ | 2.43 | ④ |
| 3 | ビジネスの基礎用語を説明 | 3.06 | ④ | 2.52 | ② |
| 4 | ビジネスに関する事象や動向を理解し説明 | 3.45 | ④ | 2.51 | ② |
| 5 | 適切なデータの取集と、図表などへの加工 | 3.42 | ② | 2.67 | ② |
| 6 | 社会現象を要因間の因果関係として図式化、整理 | 3.21 | ② | 2.45 | ② |
| 7 | 専門書籍の正確な理解 | 2.69 | ③ | 2.39 | ④ |
| 8 | 経済専門紙や一般紙の経済面、同ネット情報の正確な理解 | 3.42 | ④ | 2.88 | ② |
| 9 | 従来の問題に気づき、代替案を提案 | 3.55 | ② | 2.52 | ② |
| 10 | 仕事の段取りを決めるスキルがある | 3.59 | ② | 2.70 | ① |
| 11 | 専門的英文書籍・論文の正確な理解 | 2.43 | ③ | 1.98 | ③ |
| 12 | 英語のネット情報の正確な理解 | 2.75 | ③ | 2.11 | ③ |
| 13 | ビジネスに関する英語での口頭コミュニケーション | 3.17 | ③ | 2.00 | ③ |
| 14 | 社会調査の基本的手法をビジネス調査に応用 | 2.70 | ③ | 2.11 | ① |
| 15 | ビジネスの統計分析 | 2.62 | ① | 2.00 | ③ |
| 16 | 企業の財務上の特性や問題の指摘 | 3.25 | ④ | 2.42 | ④ |
| 17 | 理論に基づき企業活動を考察する | 2.65 | ① | 1.90 | ④ |
| 18 | 分析枠組に基づき企業行動を考察する | 2.75 | ① | 2.36 | ① |
| 19 | マーケティングの基本概念に基づき現象を考察する | 2.85 | ① | 2.46 | ① |
| 20 | 基本概念に基づき企業における人間行動を考察する | 3.21 | ① | 2.65 | ① |
| 21 | 組織形態に基づき企業組織を考察する | 2.79 | ① | 2.28 | ① |
| 22 | 人的資源管理理論に基づき企業の人事政策・慣行を考察する | 2.68 | ① | 2.07 | ① |
| 23 | 生産システムの管理に基づき企業活動を考察する | 2.70 | ① | 2.01 | ① |
| 24 | 利害関係を含め企業の役割を考察する | 3.24 | ② | 2.50 | ① |
| 25 | 国際的な事業展開の枠組に基づき企業活動を考察する | 3.06 | ② | 2.23 | ① |
| 26 | 企業の問題の分析、解決策の作成 | 3.42 | ② | 2.38 | ① |
| 27 | コンサルティングの提案 | 2.86 | ① | 1.97 | ① |
| 28 | 文化や倫理が企業に与える影響の理解 | 2.91 | ① | 2.23 | ① |
| 29 | 企業組織の各職能の認識と関係性の理解 | 3.27 | ② | 2.57 | ① |
| 30 | ミクロ的・マクロ的要因の企業への影響の認識 | 3.02 | ② | 2.21 | ② |
| 31 | 既存・新規技術が将来の市場に与える影響の想定 | 3.17 | ② | 2.27 | ① |

\* 因子分析の結果をもとに、各因子に対応する項目に因子No.を付した。重要度因子、習得度因子どちらの場合も、①が第1因子②が第2因子、③が第3因子、④が第4因子を意味する。なお、因子の解釈は、因子負荷が0.4以上の項目を中心としている。
重要度因子：①「応用経済」、②「語学・研究」、③「理論・基礎」、④「統計・計量」。
習得度因子：①「応用・研究」、②「統計・計量」、③「専門語学」、④「歴史・思想」。

について検討の余地は多分にありますが、これら8つの因子と専門理解度、教育満足度、そして就職（希望）先関連度との関係性を以下で示します。

### (2) コンピテンス認識の影響を見る：回帰分析

　経済学のパートで行った分析と同様に、回帰分析をもとに、つぎの疑問に答えていきます。すなわち、学生や卒業生の専門理解度（専門への理解・関心の深まり）や教育満足度（教育への総合評価）に対して、コンピテンス認識—何を重要だとし、何を習得したと考えているか—の度合いが何らかの影響を持っているのか、また専門分野の内容と関係する仕事に就きたい学生、あるいは就いている卒業生は、どのようなコンピテンス認識を持っているのかについてです。

　まず、**表6-6**が、ビジネスでの専門理解度の結果です（＊が2つ以上ついている項目を見てください）。分析は、学生、卒業生別に行ないました。以下の教育満足度、就職（希望）先関連度の場合も同様です。コンピテンスに関わる項目を中心に結果を見てみると、学生の場合、専門基礎に関わるコンピテンスを習得している者ほど、専門理解度が高くなることがわかります。他方、卒業生の場合は、会計・財務に関わるコンピテンスを習得している者ほど、専門理解度が高い傾向が見出されました。コンピテンスの習得と専門への理解・関心の深まりには何らかの関係があるようですが、学生と卒業生で異なる傾向が見られました。

　つぎに、ビジネスでの教育満足度の分析結果を示したのが、**表6-7**です。学生、卒業生どちらの場合も、教育満足度に対して効果を持つコンピテンス項目は見受けられません。経済学では、基礎的なコンピテンス（計量・統計）の習得と教育満足度に関係がありましたが、ビジネスではそのような関係性は確認できないようです。

　最後に、**表6-8**に示したのが、ビジネスでの就職（希望）先関連度の分析結果です。これを見ると、学生では、就職希望先関連度に対して、「重要度因子1（理論的考察）」と「習得度因子2（専門基礎）」が効果を示しています。つまり、理論的考察に関わるコンピテンスを重要だと考えている、あるいは専門基礎に関わるコンピテンスを習得している学生ほど、現在の専門分野と関係する仕事を希望する傾向にあるようです。他方で、卒業生では、会計・ビジネス基礎に関わるコンピテンスを重要だと考える者ほど、大学での専門分野の内容と実際の仕事が

表 6-6　専門理解度の順序プロビット回帰分析（ビジネス）

| 専門理解度（5段階） | 学生 | | 卒業生 | |
|---|---|---|---|---|
| | Coef. | S.E. | Coef. | S.E. |
| 重要度因子1（理論的考察） | 0.136 | (0.190) | 0.081 | (0.161) |
| 重要度因子2（提案・問題解決） | 0.159 | (0.222) | 0.168 | (0.176) |
| 重要度因子3（英語・専門理解） | -0.089 | (0.146) | 0.061 | (0.129) |
| 重要度因子4（会計・ビジネス基礎） | 0.134 | (0.163) | -0.155 | (0.153) |
| 習得度因子1（マネジメント） | 0.159 | (0.157) | -0.140 | (0.167) |
| 習得度因子2（専門基礎） | 0.504*** | (0.190) | 0.093 | (0.192) |
| 習得度因子3（英語） | 0.013 | (0.113) | 0.167 | (0.111) |
| 習得度因子4（会計・財務） | 0.066 | (0.123) | 0.310*** | (0.113) |
| 大学3ダミー | 0.174 | (0.151) | - | - |
| 大学4ダミー | 0.443** | (0.191) | -0.270 | (0.235) |
| 大学5ダミー | - | - | -0.360 | (0.263) |
| 大学6ダミー | 0.010 | (0.341) | -0.474 | (0.304) |
| 大学7ダミー | - | - | -0.246 | (0.438) |
| 大学9ダミー | -0.994*** | (0.272) | -0.748*** | (0.203) |
| 女性ダミー | 0.029 | (0.129) | -0.079 | (0.139) |
| 年齢 | -0.076* | (0.044) | 0.071*** | (0.024) |
| Constant cut1 | -0.191 | (0.614) | -0.682 | (0.551) |
| Constant cut2 | 0.500 | (0.568) | 0.225 | (0.538) |
| Constant cut3 | 1.360** | (0.561) | 0.728 | (0.536) |
| Constant cut4 | 3.345*** | (0.579) | 2.503*** | (0.548) |
| Observations | 377 | | 335 | |
| Pseudo R2 | 0.097 | | 0.071 | |

*** $p<0.01$, ** $p<0.05$, * $p<0.1$

## 表6-7　教育満足度の順序プロビット回帰分析（ビジネス）

| 教育満足度（5段階） | 学生 | | 卒業生 | |
|---|---|---|---|---|
| | Coef. | S.E. | Coef. | S.E. |
| 重要度因子1（理論的考察） | 0.045 | (0.184) | 0.120 | (0.155) |
| 重要度因子2（提案・問題解決） | 0.140 | (0.217) | 0.065 | (0.169) |
| 重要度因子3（英語・専門理解） | -0.048 | (0.141) | -0.079 | (0.123) |
| 重要度因子4（会計・ビジネス基礎） | 0.164 | (0.159) | -0.021 | (0.148) |
| 習得度因子1（マネジメント） | 0.294* | (0.153) | -0.013 | (0.160) |
| 習得度因子2（専門基礎） | 0.064 | (0.183) | 0.198 | (0.184) |
| 習得度因子3（英語） | 0.148 | (0.109) | 0.006 | (0.107) |
| 習得度因子4（会計・財務） | 0.106 | (0.120) | 0.028 | (0.108) |
| 大学3ダミー | 0.072 | (0.147) | - | - |
| 大学4ダミー | 0.142 | (0.183) | -0.232 | (0.225) |
| 大学5ダミー | - | - | -0.648*** | (0.251) |
| 大学6ダミー | -0.934*** | (0.329) | -0.474 | (0.294) |
| 大学7ダミー | - | - | 0.193 | (0.424) |
| 大学9ダミー | -1.326*** | (0.267) | -0.722*** | (0.193) |
| 女性ダミー | 0.093 | (0.126) | 0.207 | (0.134) |
| 年齢 | 0.021 | (0.043) | 0.048** | (0.019) |
| Constant cut1 | -0.134 | (0.581) | -1.156** | (0.516) |
| Constant cut2 | 0.515 | (0.551) | -0.320 | (0.505) |
| Constant cut3 | 1.347** | (0.544) | 0.537 | (0.503) |
| Constant cut4 | 3.118*** | (0.558) | 1.872*** | (0.511) |
| Observations | 377 | | 335 | |
| Pseudo R2 | 0.088 | | 0.037 | |

*** $p<0.01$, ** $p<0.05$, * $p<0.1$

表 6-8 就職（希望）先関連度の順序プロビット回帰分析（ビジネス）

| 就職（希望）先関連度（5段階） | 学生 | | 卒業生 | |
|---|---|---|---|---|
| | Coef. | S.E. | Coef. | S.E. |
| 重要度因子1（理論的考察） | 0.389** | (0.179) | 0.031 | (0.156) |
| 重要度因子2（提案・問題解決） | -0.152 | (0.210) | -0.099 | (0.173) |
| 重要度因子3（英語・専門理解） | -0.048 | (0.138) | -0.070 | (0.124) |
| 重要度因子4（会計・ビジネス基礎） | 0.102 | (0.155) | 0.745*** | (0.153) |
| 習得度因子1（マネジメント） | 0.112 | (0.149) | 0.238 | (0.162) |
| 習得度因子2（専門基礎） | 0.395** | (0.176) | -0.332* | (0.186) |
| 習得度因子3（英語） | -0.046 | (0.105) | 0.166 | (0.107) |
| 習得度因子4（会計・財務） | -0.005 | (0.116) | 0.156 | (0.109) |
| 大学3ダミー | 0.302** | (0.141) | - | - |
| 大学4ダミー | 0.260 | (0.177) | -0.192 | (0.223) |
| 大学5ダミー | - | - | -0.151 | (0.249) |
| 大学6ダミー | 0.278 | (0.323) | 0.345 | (0.298) |
| 大学7ダミー | - | - | 0.327 | (0.419) |
| 大学9ダミー | -0.209 | (0.264) | -0.462** | (0.190) |
| 女性ダミー | 0.037 | (0.122) | -0.368*** | (0.134) |
| 年齢 | -0.009 | (0.043) | 0.055*** | (0.019) |
| Constant cut1 | -0.062 | (0.540) | 1.105** | (0.528) |
| Constant cut2 | 0.903* | (0.527) | 2.027*** | (0.532) |
| Constant cut3 | 1.374*** | (0.528) | 2.294*** | (0.533) |
| Constant cut4 | 2.869*** | (0.539) | 3.568*** | (0.547) |
| Observations | 377 | | 335 | |
| Pseudo R2 | 0.040 | | 0.075 | |

*** $p<0.01$, ** $p<0.05$, * $p<0.1$

関係していることがわかりました。卒業生の場合、専門分野と関連度の高い仕事に就いていることで、大学での会計・ビジネス基礎の習得がより重要だと考えるようになっている可能性も考えられそうです。

## 3　まとめ

　第6章では、経済学とビジネスの2つの分野について取り上げ、どのようなコンピテンス認識を持っている学生や卒業生が、1）分野の理解や関心の深まり（専門理解度）が高いのか、2）教育に対する評価（教育満足度）が高いのか、3）専門分野と就職を希望する／現在している仕事との関連性（就職（希望）先関連度）が高いのかを検討しました。最後にこの章でわかったことをまとめておきます。

　まず、学生や卒業生の大多数は、分野の理解や関心の深まりが高く、教育に対する評価も高い傾向が見られました。就職（希望）先関連度ついては、経済学の学生の5割以上、ビジネスの学生の7割以上が、専門分野と関係する仕事に就きたいを考えている一方、卒業生で実際に関係する仕事をしている者の割合は、経済学では4割、ビジネスでは5割程度にとどまっていました。

　つぎに、コンピテンス認識とそれら教育や職に関する意識の関係を、分野ごとに分析した結果、おもにわかったことは次の通りです。第1に、経済学では、統計・計量に関わるコンピテンスをより習得しているほど、分野の理解・関心の深まりが高くなり、教育への満足度も高いことが示されました。これは学生でも卒業生でも同様です。統計・計量は専門教育の基礎科目に対応したコンピテンス群であるため、専門基礎に関わるコンピテンスの習得が、学生や卒業生の教育に対する意識に何らかの影響をもたらしている可能性が考えられそうです。ビジネスの場合も、学生のみですが、専門基礎に関わるコンピテンスの習得度が高いほど、専門理解度が高くなる傾向が見られました。第2に、経済学では、応用経済学に関わるコンピテンス認識が、学生の就職希望先、卒業生の就職先に関係することが見出されました。具体的には、応用経済に関わるコンピテンスを重要だと思う学生ほど、専門分野と関係する仕事を希望し、応用経済学や研究に関わるコンピテンスの習得度が高い卒業生ほど、実際に専門分野と関係する仕事に就いている傾向があるようです。しかし、ビジネスでは、理論的考察に関わるコンピテンスを

重要だと考えたり、専門基礎に関わるコンピテンスを習得している学生ほど、就職希望先関連度が高いことが示されましたが、卒業生の場合、専門コンピテンスの習得と就職先関連度に特に目立った関係性は認められませんでした。経済学とビジネスといった比較的近い分野であっても、学生や卒業生の教育や職に関する意識が、コンピテンス認識から受ける影響の在り方には違いがあるようです。

**注**
1 因子抽出法は反復主因子法、回転法はKaiserの正規化を伴うプロマックス法としました。
2 因子分析は、心理学を中心に使用される分析手法の一つです。因子分析によって、変数同士の相関係数をもとに、変数の背後にある共通要素（因子）を見出すことができます。そのため、この方法は、複数ある変数を効率的にグループ化する際に用いられます。なお、因子分析には、データから因子構造を見つけ出すための「探索的アプローチ」と事前に仮定した因子構造の当てはまりの良さを確かめる「確認的アプローチ」の2つがあります。本章では前者の方法を利用しています。詳しい説明は、南風原朝和著『心理学統計の基礎』（2002年、有斐閣）などをご参照ください。
3 回帰分析は、原因となる変数（「説明変数」）と結果となる変数（「被説明変数（目的変数）」）の関係性を把握するために使われる手法であり、様々な分野で活用されています。分析の際、結果となる変数は1つのみ設定されますが、原因となる変数は1つまたは複数投入することが可能です。原因となる変数が1つの場合を「単回帰分析」、複数の場合を「重回帰分析」と呼びます。また、投入する変数の性質や推定方法などに応じて、回帰分析には色々な種類があります。最小二乗法（OLS）による重回帰分析が最もよく利用される方法ですが、それ以外にも、ロジスティック回帰分析やプロビット回帰分析などがあります。
4 ここでは詳しく説明しませんが、使用した変数の設定や基本統計量などの情報は、第3回調査の報告書をご覧ください。

## コラム6　専門コンピテンスとカリキュラムとの関係

　読者のみなさんの中には、調査結果をどうやって教育改善に結びつけるのだろう、と疑問に思われた方がいるかもしれません。専門教育に責任を持つ大学教員ならば、重要度や習得度が高い（もしくは低い）専門コンピテンスがどの授業に対応しているのかピンとくることもあるかもしれませんが、彼らにしても、必ずしも特定の授業科目と結びつかないコンピテンスもありそうです。

　第2章でも述べましたが、経済学とビジネスの専門コンピテンスは、当時の一橋大学のカリキュラムを踏まえて作成されました。ただしカリキュラムを踏まえる度合は2つの分野で異なっています。経済学ではほぼ全てのコンピテンスがシラバス（授業計画の要点がまとめられており、学生が受講を判断する資料となる）の目的を参考に作成されています。他方でビジネスでは、このようなコンピテンスもある一方、複数の授業履修から習得されると考えられているコンピテンスもあります。つまり、経済学の場合は、専門コンピテンスが授業科目とほぼ一対一で対応するため、その重要度と習得度の認識が授業に対する認識と重なるわけです。

　こんようなコンピテンスの特徴を利用して、経済学の授業に対する認識を分析したのが、加藤・ガンボルド（2017）です。分析の結果、経済学を専攻する1、2年生が受講するような基礎科目を構成するコンピテンスの重要度は、応用科目を構成するコンピテンスよりも明確に区別されている（高いものと低いものの差が大きい）ことが明らかとなりました。この傾向は教員で顕著に見られました。基礎科目のうち基礎マクロ経済学や統計学入門の授業に関連するコンピテンスは重要度が高いと認識されていましたが、思想・歴史に関連する科目、とりわけ経済思想、および経済数学の重要度は相対的に低いと見なされていました。この結果は、全てのコンピテンスが学ぶ価値のあるものであり、重要度が低いと言っても相対的な位置づけを示しているとも考えられます。他方で、大学ステークホルダーのうち特に教育に責任を持つ教員がおしなべて低く見なす授業科目の存在は、現在のカリキュラム構成の問題とも捉えられます。教育成果としての教員の認識自体を問う必要もあるでしょうし、結果の解釈には慎重さが求められますが、関係者の議論の緒となることを期待したいところです。

# 第7章　汎用コンピテンスについてわかったこと

　第7章では汎用コンピテンスについての分析結果を説明します。第3章で専門コンピテンスについて見たように、まず、汎用コンピテンスの重要度と習得度の特徴を見ます。次に、4つの属性（対象者、分野、大学、男女）に着目し、それぞれで汎用コンピテンスの重要度と習得度の考え方に違いがあるのかを見ます。

　ここではデータに関して若干の留意が必要です。まず、汎用コンピテンスの回答者数は、重要度と習得度で大きく異なります。汎用コンピテンスの回答者は重要度で約6千人、習得度では約3千人です。2014年の調査は重要度しか尋ねなかったため、重要度は2014年から2016年の3年分あるのですが、習得度は2015と2016年の2年分の結果を用いているためです。また2014年では属性に関する質問を卒業生のみに聞いているため、2014年分は卒業生しか属性が分かりません。この結果、性別に関する分析では、2014年の卒業生と、2015年および2016年の全対象者を扱っています。なお、専門コンピテンスを答えずに汎用コンピテンスのみを答えている回答者が存在するため、前章までの分析には含まれませんが、今回の分析には含まれている回答者もいます。よって、前章までの対象者とは若干異なります。

## 1　汎用コンピテンス認識の概観

　汎用コンピテンスの平均値を図7-1に示します。これは重要度の高い順に上から並んでいます。

① コンピテンスの重要度

　重要度が高いと考えられているのは、対人関係に関係するコンピテンス（意思疎通やチーム作業など）です。また計画と時間管理および理論的な意思決定も含まれます。重要度が低いと考えられているのは、新たな価値を生み出すこと（起業家精神の発揮）や国際的な仕事に関連したコンピテンスです。また社会的配慮（環境保護や機会均等など）や研究に関連するコンピテンスも重要度が低いとみなされています。

② コンピテンスの習得度

　習得度が高いと考えられているのは、重要度と同様に対人関係に関連するコンピテンス、社会への配慮（多様性の尊重や安全性のこだわりおよび倫理的行動）に関連するコンピテンスです。他方で習得度が低いと考えられているコンピテンスは、重要度と同様に、新たな価値を生み出すこと（起業家精神の発揮や新たな考え方の創出）や国際的な仕事（国際的な仕事や外国語での意思疎通）に関連するコンピテンスです。

③ 重要な割に習得されていないコンピテンス

　重要な割に習得されていないと考えられているのは、重要度や習得度が低いと考えられているコンピテンスと同様に、新たな考え方を生み出すことや国際的な仕事に関連するコンピテンスです。

④ 重要度と習得度の関係

　図7-1の下に行くほど、なだらかではないにしても、習得度も低く認識されている印象を受けます。重要度と習得度の相関関係は0.81です。よって、重要な汎用コンピテンスほど習得されていると認識されています。

## 2　属性別の分析

　次に、4つの属性（対象者、分野、大学、男女）のそれぞれにおいて、汎用コンピテンスの認識に差が認められるのかを見ていきます。まず分散分析で各属性の

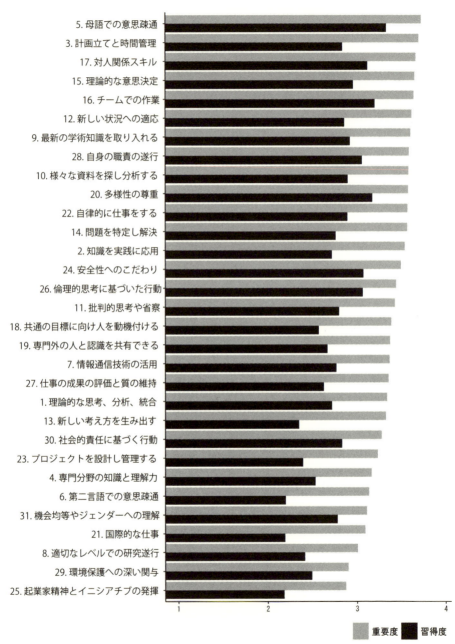

図 7-1 汎用コンピテンスの平均値

項目（対象者なら学生・教員・卒業生・企業人）で認識の違いがあるのかを見ます。違いがある場合に、5章で見たように、多重比較によって、ペア間での有意差を持つコンピテンス数を見ます。例えば対象者間の分析であれば、学生と教員のペア間ではいくつの汎用コンピテンスに有意差があるのかを見ます。次にどのようなコンピテンスでペア間の有意差が多いのかを見ます。多重比較の要約についての説明は第5章をご覧ください。

① **対象者**

汎用コンピテンスの基本統計量を対象者別に**表 7-1** に示します。重要度に関しては教員の平均値が 3.25 であり、他の対象者が 3.3 を超えるのと比べて若干低いことが分かります。習得度に関しては学生と卒業生が約 2.8 なのに対して、教員と企業が約 2.6 とやや低いことが分かります。教員は汎用コンピテンスの重要度を他の対象者よりもやや低めに捉え、教員や企業人は、大学卒業時の汎用コンピテンスの習得度を学生や卒業生よりもやや低く見ていることが分かります。

**表 7-1 対象者別の汎用コンピテンス基本統計量**

| | 重要度 | | | 習得度 | | |
|---|---|---|---|---|---|---|
| | 回答者数 | 平均 | 標準偏差 | 回答者数 | 平均 | 標準偏差 |
| 学生 | 3721 | 3.33 | 0.78 | 1915 | 2.78 | 0.87 |
| 教員 | 581 | 3.25 | 0.78 | 248 | 2.65 | 0.77 |
| 卒業生 | 1226 | 3.33 | 0.81 | 876 | 2.76 | 0.89 |
| 企業 | 372 | 3.31 | 0.75 | 312 | 2.63 | 0.78 |
| 全体 | 5897 | 3.32 | 0.78 | 3351 | 2.75 | 0.86 |

分散分析の結果から、重要度においては全てのコンピテンスで対象者間に差があることや、習得度において「6. 第二言語での意思疎通」を除いた 30 のコンピテンスで対象者間の差があることが示されました。

そこで、各対象者ペア間でいくつ有意差があるのかを多重比較により分析した結果をペア別に**表 7-2** に示します。重要度で差が少ないのは教員 - 学生と卒業生

-企業人の2つのペアであり、違いを示すコンピテンス数は各18と16です。それ以外のペアは約23個のコンピテンスで違いを示すことから、学内や産業界内など同一の業界内である場合に、そうでない場合と比べて見方が近いことが分かります。次に習得度について見ると、違いを示すコンピテンス数が多いペアは教員−学生（22のコンピテンス）、企業−学生（20）、企業−卒業生（19）となります。逆に少ないのは、企業−教員ペア（5コンピテンス）です。企業人と教員の見方の近さやその他のペアの有意差の多さからは、卒業時の汎用コンピテンス習得に関する認識は、大学や企業と言った所属組織よりも、社会人経験の差が説明するようです。

このように、汎用コンピテンスの重要度と習得度の捉え方については対象者間で異なること、そして重要度と習得度においても異なることが示されました。重要度は大学や企業と言った所属組織内での関係者の見方が近く、習得度は社会人経験の長さによる見方が影響していると言えそうです。

表7-2　対象者ペア間で有意差のある汎用コンピテンス数

|  | 教員−学生 | 卒業生−学生 | 企業−学生 | 卒業生−教員 | 企業−教員 | 企業−卒業生 |
|---|---|---|---|---|---|---|
| 重要度 | 18 | 23 | 22 | 24 | 24 | 16 |
| 習得度 | 22 | 13 | 20 | 17 | 5 | 19 |

汎用コンピテンス別の対象者ペアの有意差数を図7-2に示します。重要度では、「1．理論的な思考、分析、統合」、「16．チームでの作業」、「17．対人関係スキル」の3つで、全ペアが異なっていることが分かります。No.1は学生や教員が卒業生や企業人よりも高く評価しています。No.16とNo.17の人との付き合いに関係するコンピテンスの重要度は、企業人が最も高く、続いて、卒業生、教員の順になり、学生が最も低く捉えています。次に、ペア間の違いが少ないコンピテンスを見ると、まず最も少ないのが「22．自律的に仕事をする」コンピテンス（対象者間ペアは企業−学生の1つ）です。企業人は学生よりもこのコンピテンスを重要と考えています。続いて少ないのが、「9．最新の学術知識を取り入れる」（対象者間ペアは卒業生−学生と卒業生−教員の2つ）と「29．環境保護への深い関与」

第 7 章 汎用コンピテンスについてわかったこと 147

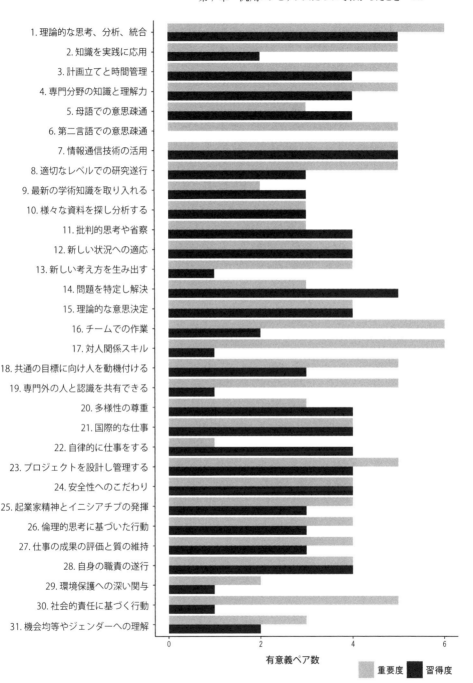

図 7-2 汎用コンピテンス別の対象者ペアで示される有意差数

（対象者間ペアは教員-学生と卒業生-学生の2つ）の2つです。No.9 については、卒業生は学生や教員よりも重要だと考えています。学生は教員や卒業生よりも No.10 を重要と考えています。

次に習得度を見ると、3つのコンピテンス「1．理論的な思考、分析、統合」、「7．情報通信技術の活用」、「14．問題を特定し解決」において有意差が最も多く、5ペアの間で違いが見られます。No.1 は学生や卒業生が高く認識し、教員が続きますが、企業は低く認識しています。No.7 は教員が、No.14 は学生が高く評価しています。逆に対象者間での違いが少ないのは、「6．第二言語での意思疎通」（対象者ペア0）、「14．問題を特定し解決」、「17．対人関係スキル」、「19．専門外の人と認識を共有できる」、「29．環境保護への深い関与」、「30．社会的責任に基づく行動」（いずれも対象者ペア1）です。13、17、29 は卒業生-学生のペアで、19 と 30 は教員-学生ペアで違いが見られます。

### ③ 分野

分野別の汎用コンピテンスの基本統計量を**表 7-3** に示します。回答者数が最も多いのは経済学の 1,751 人、最も少ないのは心理学の 31 人であり、分野によって回答者数が大きく異なっています。重要度の平均値が最も高いのは教育学 (3.45) で最も低いのは物理学 (3.14)、習得度の平均値の最高はやはり教育学 (2.81) で最低は化学 (2.56) です。

重要度と習得度の平均値を散布図として**図 7-3** に示します。教育学、経済学、ビジネスの人文・社会科学系分野の回答者は自然科学系の回答者と比べて汎用コンピテンスの重要度と習得度をともに高く認識していることが分かります。もっとも、心理学や歴史学も自然科学系分野と近い位置にあるので、人文社会対自然科学と言う単純な構造を見て取ることはできません。

分散分析の結果、重要度では全てのコンピテンスで分野間の有意差が示されました。習得度では 27 のコンピテンスで分野間に差があることが示されました。分野間で差が無い4つのコンピテンスは、「1．理論的な思考、分析、統合」、「10．様々な資料を探し分析する」、「14．問題を特定し解決」、「19．専門外の人と認識を共有できる」です。これらコンピテンスの習得度合は分野に関わらず同じように考えられています。

表 7-3 分野別の汎用コンピテンス基本統計量

|  | 習得度 | | | 重要度 | | |
| --- | --- | --- | --- | --- | --- | --- |
|  | 回答者数 | 平均 | 標準偏差 | 回答者数 | 平均 | 標準偏差 |
| 経済学 | 1751 | 2.75 | 0.86 | 1751 | 3.40 | 0.73 |
| ビジネス | 941 | 2.78 | 0.87 | 1011 | 3.40 | 0.75 |
| 歴史学 | 84 | 2.79 | 0.87 | 277 | 3.21 | 0.88 |
| 教育学 | 40 | 2.81 | 0.81 | 40 | 3.45 | 0.71 |
| 心理学 | 31 | 2.61 | 0.88 | 31 | 3.34 | 0.77 |
| 物理学 | 33 | 2.74 | 0.82 | 665 | 3.14 | 0.89 |
| 化学 | 48 | 2.56 | 0.85 | 492 | 3.28 | 0.80 |
| 数学 | 51 | 2.68 | 0.84 | 51 | 3.28 | 0.79 |
| 地球科学 | 90 | 2.70 | 0.87 | 90 | 3.40 | 0.71 |
| 機械工学 | 175 | 2.65 | 0.87 | 1007 | 3.27 | 0.80 |
| 土木工学 | 66 | 2.77 | 0.81 | 345 | 3.32 | 0.76 |
| 全体 | 3351 | 2.75 | 0.86 | 5759 | 3.32 | 0.78 |

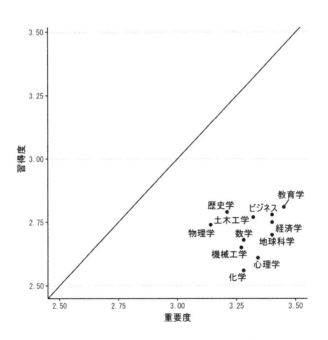

図 7-3 分野別の汎用コンピテンス平均値散布図

次に分野ペアで有意差を示すコンピテンスの個数を見ます。まず、分野ペア間の有意差を示すコンピテンス数を図 7-4 に示します。ここでは重要度と習得度のばらつき具合に違いが見られます。重要度では確かに有意差 0 すなわち差が無いペアや有意差 2 が最大ペア数を持つ有意差数なのですが各 7、8 ペアであり、最大の有意差数（26 コンピテンス）までバラバラと散らばっています。これに対して習得度では有意差 0 が 24 ペアと最も多く、有意差 10 が最大の有意差を示すコンピテンス数（1 ペア）です。つまり、分野によって汎用コンピテンスが重要だと認識する度合は異なるのですが、習得ではあまり差が見られないことになります。

重要度で差が大きいのは、経済学 – 物理学、ビジネス – 物理学、経済学 –

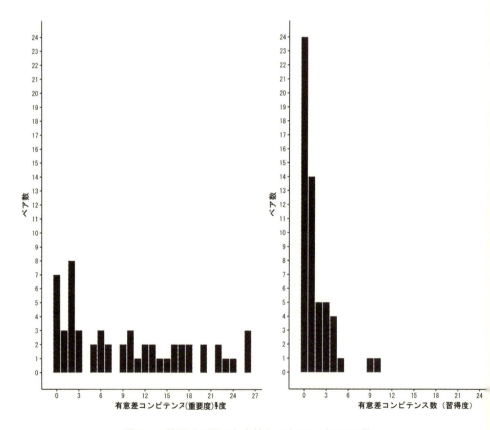

図 7-4　分野ペア間の有意差を示すコンピテンス数

機械工学（いずれも 26 コンピテンス）、ビジネス – 機械工学（24 コンピテンス）のいずれも社会科学と自然科学の組合せとなりました。逆に差が見られない専門分野の組合せは、教育学 – 数学、心理学 – 数学、経済学 – 地球工学、教育学 – 地球工学、教育学 – 経済学、教育学 – ビジネス、心理学 – 教育学のペアです。教育学と心理学を含む組合せで多いことが分かります。習得度と比べて大きな差が示されています。

　習得度で差が見られる分野ペアを見ると、一番多いのは、経済学 – 機械工学（10 コンピテンス）であり、次にビジネス – 機械工学（9 コンピテンス）です。物理学や地球科学を含むペアでは特に分野間の違いを示すコンピテンス数は 0 です。分野によって汎用コンピテンスの習得度の認識に差があるとは言っても、低いレベルで分野間の差が見られると言えそうです。よって、汎用コンピテンスの捉え方は習得度よりも重要度において分野によって異なると考えてよさそうです。

　次に有意差ペア数を汎用コンピテンス別に図 7–5 に示します。まず、重要度に比べて習得度の違いが少ないことが分かります。「21．国際的な仕事」を除けば、重要度が習得度を常に上回っています。重要度では、「16．チームでの作業」、「17．対人関係スキル」、「18．共通の目標に向け人を動機付ける」、「30．社会的責任に基づく行動」の特に対人関係などでの作業に関連する 4 つのコンピテンスにおいて、28、29 のペアで差が見られるなど、分野間の差が大きいことが分かります。逆に分野間の差があまり見られないコンピテンスは、「13．新しい考え方を生み出す」（5 ペア）、「22．自律的に仕事をする」、「27．仕事の成果の評価と質の維持」（7 ペア）です。対人関係に関するコンピテンスを重要だと見なすかどうかは分野によって異なるため、分野の特徴を示すコンピテンスと考えられます。習得度で対象者ペア数が多く異なるコンピテンスは、「21．国際的な仕事」（12 ペア）、「5．母語での意思疎通」、「31．機会均等やジェンダーへの理解」（各 8 ペア）です。

④　**大　学**

　まず大学別の汎用コンピテンスの基本統計量を表 7-4 に示します。重要度において大学 9 は 1,321 人が回答しているのに対して、大学 11 は 13 人など、大学によって回答者数にばらつきがあります。重要度で最も高い値を示すのは大学 4

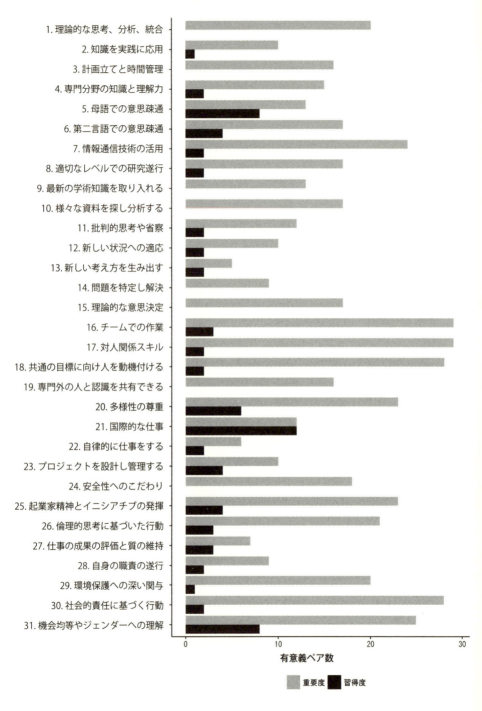

図 7-5 汎用コンピテンス別の分野間ペアで示される有意差数

（3.44）、最も低い値を示すのは大学 11（3.09）です。習得度で最高値を示すのは大学 9（2.86）、最低値を示すのは大学 10（2.64）です。大学による差が見られますが、大学によって参加する分野が異なるので、分野の影響も考える必要があります。

重要度と習得度の平均値による散布図を図 7-6 に示します。大学 11 を外れ値として、だいたいゆるやかな右上がりの直線に各大学が位置づいている様子がうかがえます。

コンピテンス別の大学間の違いを分散分析で見たところ、重要度では 31 個のコンピテンス全てにおいて大学間の差が認められました。習得度認識でも「19. 専門外の人と認識を共有できる」を除く 30 個の汎用コンピテンスの大学間の差が認められました。

表 7-4　大学別の基本統計量

|  | 習得度 | | | 重要度 | | |
| --- | --- | --- | --- | --- | --- | --- |
|  | 回答者数 | 平均 | 標準偏差 | 回答者数 | 平均 | 標準偏差 |
| 大学 1 | 845 | 2.75 | 0.85 | 845 | 3.41 | 0.70 |
| 大学 2 | 87 | 2.66 | 0.80 | 87 | 3.28 | 0.76 |
| 大学 3 | 386 | 2.78 | 0.87 | 576 | 3.32 | 0.80 |
| 大学 4 | 171 | 2.83 | 0.88 | 171 | 3.44 | 0.73 |
| 大学 5 | 233 | 2.68 | 0.87 | 233 | 3.41 | 0.73 |
| 大学 6 | 179 | 2.69 | 0.87 | 179 | 3.38 | 0.75 |
| 大学 7 | 19 | 2.76 | 0.88 | 19 | 3.39 | 0.82 |
| 大学 8 | 16 | 2.61 | 0.86 | 16 | 3.27 | 0.87 |
| 大学 9 | 527 | 2.86 | 0.90 | 1321 | 3.35 | 0.78 |
| 大学 10 | 41 | 2.64 | 0.87 | 41 | 3.35 | 0.75 |
| 大学 11 | 13 | 2.72 | 0.84 | 13 | 3.09 | 0.78 |
| 大学 12 | 46 | 2.73 | 0.81 | 46 | 3.38 | 0.72 |
| 大学 13 | 241 | 2.71 | 0.86 | 533 | 3.34 | 0.76 |
| 大学 14 | 117 | 2.73 | 0.88 | 471 | 3.25 | 0.82 |
| 大学 15 |  |  |  | 718 | 3.16 | 0.88 |
| 大学 16 |  |  |  | 141 | 3.11 | 0.90 |
| 全体 | 2921 | 2.76 | 0.87 | 5409 | 3.32 | 0.79 |

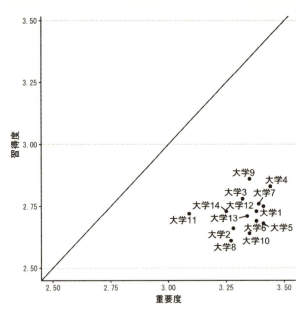

**図 7-6　大学別の汎用コンピテンス平均値散布図**

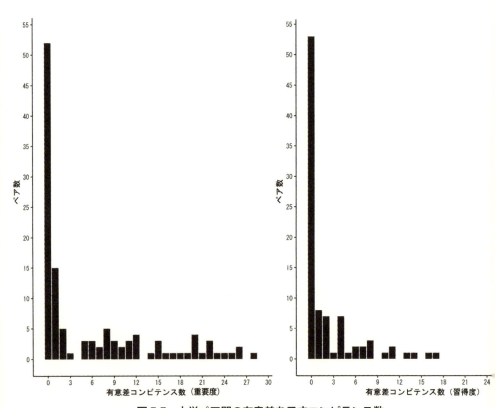

**図 7-7　大学ペア間の有意差を示すコンピテンス数**

そこでより詳細に分析するために多重比較を行いました。まず各大学ペアで示された有意差を見た結果を**図 7-7** の棒グラフに示します。棒グラフの形状は、重要度と習得度で似ており、どちらも 0 が多数を占め、有意差を示すコンピテンス数が多いほどペア数が少ないロングテールのグラフです。もっとも重要度と習得度の間での差も見られます。それはばらつき具合です。分野間の比較と似ていて、大学間の比較においても、習得度は有意差を示すコンピテンス数が重要度では最大 28、対して習得度では最大 17 と、重要度に関する考え方は習得度よりも大学間でのばらつきが大きいと考えてよさそうです。

全コンピテンスで差がない大学間ペアは重要度で 52 ペア、習得度で 53 ペアあります。これらは全体の約 6 割を占めます。汎用コンピテンス 31 個のうちの約 3 分の 2 である 20 コンピテンス以上で差が見られる大学ペアは 14 であり、全ペアの 1 割以下です。よって汎用コンピテンスの習得度に関しては、大学間の差はあまり大きくないと考えられます（**図 7-8**）。

重要度で大学間の差が多いコンピテンスを見ると、最も多いのは、「1．理論的な思考、分析、統合」（120 ペアのうち 47 ペア）であり、続いて「17．対人関係スキル」（41 ペア）、「18．共通の目標に向け人を動機付ける」、「31．機会均等やジェンダーへの理解」（いずれも 41 ペア）に関連するコンピテンスです。最も多いのは知的活動の基盤となる理論的思考に関するコンピテンスで、対人関係に関連するコンピテンスがそれに続いています。習得度において、最も多くの大学間ペアで違いが示されるコンピテンスは、「21．国際的な仕事」（20 ペア）、続いて「6．第二言語での意思疎通」（18 ペア）、「31．機会均等やジェンダーへの理解」（14 ペア）です。国際的な仕事や社会的配慮に関連するコンピテンスです。ただし大学の組合せは全部で 91 ペアあるため、いずれも、それほど多いペア数とは考えられません。よって大学間の違いは、重要度と習得度のいずれも社会的配慮に関連するコンピテンス、そしてチームワークに関連する重要度の認識や国際的な仕事に関するコンピテンスの習得度で示されると言えます。

⑤ **男　女**

性別の基本統計量を**表 7-5** に示します。対象とした大学や分野の特徴でしょうか、女性回答者数は男性よりも少なく全体の 3 割にとどまっています。女性の方

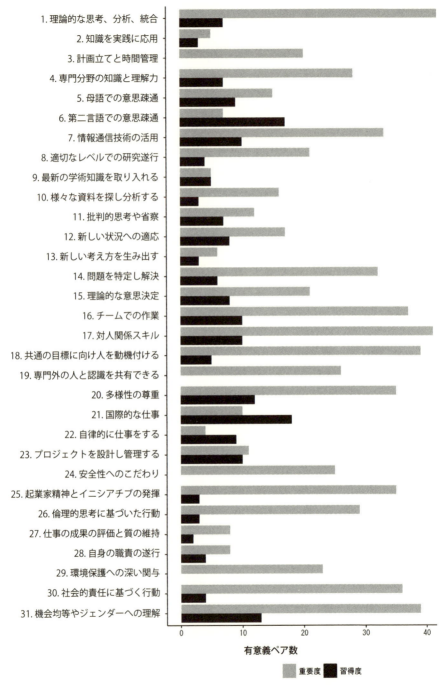

図 7-8　汎用コンピテンス別の大学ペアで示される有意差数

が重要度と習得度の双方において、汎用コンピテンスを男性よりも高く認識する傾向が示されています。もっともその差は重要度で0.08、習得度で0.07であり、0.1を下回る程度です。

表7-5 性別基本統計量

|  | 習得度 | | | 重要度 | | |
| --- | --- | --- | --- | --- | --- | --- |
|  | 回答者数 | 平均 | 標準偏差 | 回答者数 | 平均 | 標準偏差 |
| 男性 | 2361 | 2.73 | 0.86 | 2444 | 3.38 | 0.74 |
| 女性 | 990 | 2.80 | 0.86 | 1007 | 3.46 | 0.70 |
| 全体 | 3351 | 2.75 | 0.86 | 3451 | 3.40 | 0.73 |

　性別では男女の2種類を選択項目として用意していたことから、多重比較により男女間の差の有無と大小が分かります。図にする必要もないことから、ここでは、分析結果をそのまま表7-6に示します。

　重要度では、31個のコンピテンス中で25個のコンピテンスに男女間の違いが示されています。違いが見られるコンピテンスは、1つ（「1．理論的な思考、分析、統合」）を例外として女性が高く評価しています。これらコンピテンスは、対人関係（意思疎通や対人関係および多様性の尊重）や自律的な仕事の遂行（計画や時間管理、仕事の質の維持）、そして社会的責任（環境保護や機会均等）に関連するコンピテンスです。逆に違いが見られないコンピテンスは、「2．知識を実践に応用」、「4．専門分野の知識と理解力」、「11．批判的思考や省察」、「13．新しい考え方を生み出す」、「14．問題を特定し解決」、「23．プロジェクトを設計し管理する」に関連する6つのコンピテンスです。これらは大学で身に付けることが特に期待されているコンピテンスだと考えられます。全体的には、女性の方が汎用コンピテンスの重要性を高く認識していることが分かります。

　習得度では、重要度よりも少なく、19個のコンピテンスで違いが見られます。違いが見られるコンピテンスのうち、男性が女性よりも高く認識するコンピテンスは4つあり、「1．理論的な思考、分析、統合」、「2．知識を実践に応用」、「10．様々な資料を探し分析する」、「11．批判的思考や省察」です。これら大学で習得されることが特に期待される専門コンピテンスに関連するコンピテンスを男性は女

## 表7-6　男女間の汎用コンピテンス多重比較結果

| コンピテンス名 | 習得度<br>（女性－男性） | 重要度<br>（女性－男性） |
| --- | --- | --- |
| 1. 理論的な思考、分析、統合 | -0.16 *** | -0.09 *** |
| 2. 知識を実践に応用 | -0.09 *** | 0.02 |
| 3. 計画立てと時間管理 | 0.17 *** | 0.08 *** |
| 4. 専門分野の知識と理解力 | -0.01 | 0.04 |
| 5. 母語での意思疎通 | 0.13 *** | 0.05 *** |
| 6. 第二言語での意思疎通 | 0.07 ** | 0.05 * |
| 7. 情報通信技術の活用 | 0.00 | 0.15 *** |
| 8. 適切なレベルでの研究遂行 | 0.00 | 0.11 *** |
| 9. 最新の学術知識を取り入れる | -0.01 | 0.04 * |
| 10. 様々な資料を探し分析する | -0.06 ** | 0.08 *** |
| 11. 批判的思考や省察 | -0.09 *** | 0.02 |
| 12. 新しい状況への適応 | 0.14 *** | 0.11 *** |
| 13. 新しい考え方を生み出す | -0.04 | 0.00 |
| 14. 問題を特定し解決 | -0.01 | 0.03 |
| 15. 理論的な意思決定 | 0.03 | 0.07 *** |
| 16. チームでの作業 | 0.19 *** | 0.13 *** |
| 17. 対人関係スキル | 0.19 *** | 0.12 *** |
| 18. 共通の目標に向け人を動機付ける | 0.03 | 0.06 *** |
| 19. 専門外の人と認識を共有できる | 0.15 *** | 0.15 *** |
| 20. 多様性の尊重 | 0.23 *** | 0.18 *** |
| 21. 国際的な仕事 | 0.01 | 0.06 * |
| 22. 自律的に仕事をする | 0.12 *** | 0.09 *** |
| 23. プロジェクトを設計し管理する | -0.04 | 0.01 |
| 24. 安全性へのこだわり | 0.24 *** | 0.16 *** |
| 25. 企業家精神とイニシアチブの発揮 | -0.01 | 0.11 *** |
| 26. 倫理的思考に基づいた行動 | 0.12 *** | 0.14 *** |
| 27. 仕事の成果の評価と質の維持 | 0.03 | 0.09 *** |
| 28. 自身の職責の遂行 | 0.20 *** | 0.14 *** |
| 29. 環境保護への深い関与 | 0.11 *** | 0.12 *** |
| 30. 社会的責任に基づく行動 | 0.19 *** | 0.18 *** |
| 31. 機会均等やジェンダーへの理解 | 0.31 *** | 0.23 *** |
| 全体（平均） | 0.07 *** | 0.09 *** |

性よりも習得度が高いと認識しています。これに対して女性は 15 個のコンピテンスで男性よりも習得度が高いと認識しています。これらは、大まかに言うと、対人関係や自律的な仕事の遂行、そして社会的責任に関連するコンピテンスです。男女で差が無いコンピテンスは、12 個あります。主なものは「13．新しい考え方を生み出す」「15．理論的な意思決定」「23．プロジェクトを設計し管理する」「27．仕事の成果の評価と質の維持」などです。

## 3　まとめ

　本章では、汎用コンピテンスの重要度と習得度を概観しました。重要度と習得度は強い相関関係を示し、重要度と習得度が共に高いと考えられていたコンピテンスは、対人関係や社会への配慮に関連するコンピテンスです。他方でこの 2 つが低いと考えられていたコンピテンスは、新たな価値を生み出すことや国際的な仕事に関連するコンピテンスでした。

　属性による違いも認められました。対象者間では、学内や産業界など同一の業界内である場合に重要度の見方が近く、社会人経験のある企業人と教員の間で習得度の見方が近いことが分かりました。分野に関しては、社会科学と自然科学の間で差が大きいことが示されました。大学間の差は大きくないと結論付けられます。また各分野間と各大学間の差は、習得度よりも重要度において大きいことも示されていました。大学間の違いは、重要度と習得度のいずれも社会的配慮に関連するコンピテンス、そしてチームワークに関連する重要度の認識や国際的な仕事に関するコンピテンスの習得度で示されました。男女の差としては、女性が汎用コンピテンスの重要度を特に高く評価する点が特徴です。女性は男性よりも、対人関係や自律的な仕事の遂行、そして社会的責任に関連するコンピテンスを高く評価します。

## コラム7　学生の汎用コンピテンス習得に与える教員の影響

　学生は大学でどのように汎用コンピテンスを身に付けているのでしょうか。これまでは、身に付ける「場」に注目が集まり、例えば専門教育を通じて学ぶこと（金子 1995）や、教育課程外から学ぶこと（溝上 2009、山田・森 2010）が指摘されてきました。加藤（2018）は教員に着目しました。教員が重要だと考える汎用コンピテンスを学生や卒業生は習得していると考え、日本の大学で経済学とビジネスを学んだ学生や卒業生のデータを用いて分析しています。その結果を簡単に見たいと思います。

　Leggett et al.（2004）は、学生の汎用コンピテンスの重要度認識は、学年が上であるほど教員の認識と近くなると結論付けています。教員と接する時間が長いほど、カリキュラムに明示されない教員の価値観や認識が学生に影響を与えることは十分に考えられます。学生に対する教員の影響は、教師の期待を通じた効果（ピグマリオン効果）によって説明されます。また学生は教員の期待を把握し、それを自己期待として成果に結びつけており、期待に応える行動を無意識に行う（ガラテア効果）と考えられています。近年、汎用コンピテンスの一部である批判的思考の習得において、これら2つの効果の影響が示唆されています（Howard et al. 2015）。

　そこで加藤（2018）は、教員の汎用コンピテンスにおける重要度認識が、学生・卒業生の重要度認識に影響を与え、それが学生・卒業生の習得度認識に作用すると考えました。そして、これら2つずつの関係を見たところ、全ての組合せで高い相関関係と、それぞれに正かつ有意な直線的な関係が示されました。つまり学生が身に付いたと考える汎用コンピテンスの程度は、教員が認識する重要度と関係することが示されたと言えます。ここで問われるのは教員の認識の適切さです。多くの教員は自身の大学における就労経験から卒業生が身に付けるべき汎用コンピテンスを判断している可能性があります。しかし産業界で就職する学生が多数である時に、学生が卒業時に身に付けるべき汎用コンピテンスに対する教員の捉え方が適切か否か慎重に検討する必要があると考えられます。

　また教員の汎用コンピテンス認識は、特に3つの点、1）汎用コンピテンスと専門知識・技術の関係、2）「汎用」の捉え方、3）汎用コンピテンスを教える場において多様です。教員の汎用コンピテンス解釈に関するこのような多様性は、

専門分野に基づくと説明されていますが、専門分野のみとも言い切れません。そこで、大学教員の汎用コンピテンス重要度認識が、何によって異なるのかを分析したところ、性別や大学による差が示されました。女性教員は男性教員よりも、時間の管理やコミュニケーションおよび社会的責任などに関連するコンピテンスを高く評価していました。これらを単純に考えると、学ぶ大学や教員の性別によって、学生が身に付ける汎用コンピテンスに差があることになります。本書第7章では、大学間の汎用コンピテンス習得の差は大きくないと結論付けていますが、一部専門コンピテンスでは教員の認識が大学別に異なることも示されたので、今後さらに分析する必要がありそうです。

## コラム8　専門コンピテンスと汎用コンピテンスの関係

　第1章では、専門コンピテンスは「特定分野の学問を学んだ学生が身に付けるべき水準の資質・能力」で、汎用コンピテンスは「市民や産業人として身に付けるべき資質・能力」であり、両者の関係は正、つまり汎用コンピテンスが高いと専門コンピテンスも高いと説明しています。

　ここでは、もう少し詳しく、専門コンピテンスと汎用コンピテンスの構造的な関係について説明します。なぜ専門コンピテンスと汎用コンピテンスの関係が重要なのかと言うと、それは汎用コンピテンスを学ぶ場と関係するからです。この2つが関係ないのであれば、汎用コンピテンスの教育を専門教育と切り離して、汎用コンピテンスそのものを学ぶ授業を行えばよいからです。カリキュラム設計に大きく影響すると言えます。しかし教育専門家は、汎用コンピテンスは専門教育の中で学ぶべきだと主張します（例えば小方（2011）や杉原（2010））。でも専門コンピテンスと汎用コンピテンスがどのように関係しているのか具体的なデータで示した研究は少ないのが現状です。ここでは私たちの調査結果を元に分析した加藤・相場（2016）を使って汎用コンピテンスと専門コンピテンスの構造を説明します。

　加藤・相場（2016）では専門コンピテンスと汎用コンピテンスの相関を対象者別、そして分野別に見ました。その結果、表7-7で示すように、どの対象者や分野でも2種類のコンピテンスの間には正の相関があることが示されました。ただし、対象者や分野で相関の程度が異なります。学生の平均値の相関係数は0.3程度であり、0.6程度の教員や卒業生に比べて低いことが示されています。また分野

別にも化学と機械工学における専門と汎用コンピテンス相関係数は 0.3 程度であり、0.4 の物理学、0.5 を超える土木工学や歴史学、0.6 のビジネスよりも低いことが分かります。

1つ1つのコンピテンス単位で2種類のコンピテンスの相関を見たのが、次の**コラム 8-表 1** です。これは学生を対象とした結果です。まず色と形の説明をします。灰色は各コンピテンス間の相関関係が 5％水準で有意であることを、白色は有意ではないことを意味します。目の検査のようですが、左下の白っぽく見えるような、見えないような四角形は、専門と汎用の 2 種類のコンピテンス間の相関関係を示す場所です。ここでは、質問間の相関傾向は、分野間で異なり、およそ 2 つのタイプに分けられました。その違いは、各分野の色の濃い 3 角形の中に白っぽい四角形がはっきり見えるかどうかです。1 つめのタイプは専門コンピテンスなら専門コンピテンス内の項目間（行列左上三角の部分）、汎用コンピテンスなら汎用コンピテンス内の項目間（行列右下三角部分）の相関は高いのですが、異なるコンピテンス、すなわち専門と汎用のコンピテンス間（専門と汎用のクロスを示す左下四角部分）の相関は低いタイプです。図中では灰色の三角形と白い四角形が明確な化学と機械工学が該当します。物理学の場合、専門と汎用の 2 種類のコンピテンス間の相関が強く白い四角形はあまりはっきりとは見えませんが、このような傾向がうかがわれます。もう 1 のタイプはコンピテンス種別内外の相関に違いが見られない分野であり、ビジネスに顕著です。土木工学と歴史学はこれらタイプの中間に位置づくと考えられます。

また加藤・相場（2016）では専門と汎用コンピテンス両方に影響を与えている因子を分析し、6 分野全てで、専門と汎用の項目に影響する因子が 1 つ以上含まれていることを結論付けています。ただしビジネス分野では 2 種類のコンピテンスに関係する因子が同分野の全因子数に占める割合が大きいなど分野によって

**コラム 8-表 1　専門コンピテンスと汎用コンピテンスの平均値の相関**

| 対象者 | | 分野 | | | |
|---|---|---|---|---|---|
| 区分 | 相関係数 | 区分 | 相関係数 | 区分 | 相関係数 |
| 学生 | 0.31*** | 物理学 | 0.41*** | 土木工学 | 0.56*** |
| 教員 | 0.65*** | 化学 | 0.29*** | 歴史学 | 0.51*** |
| 卒業生 | 0.58*** | 機械工学 | 0.33*** | ビジネス | 0.61*** |

\*\*\* 1％有意水準

出典：加藤・相場（2016）

異なる可能性も示されています。

　このような分析結果からは、専門コンピテンスと汎用コンピテンスとが構造的にも関係していることが分かります。これは1つの結果にすぎませんが、汎用コンピテンス教育は専門コンピテンス教育と切り離さない方が良いことを示唆しています。このようにエビデンスを伴う分析を積み上げることで、例えば大学生活のどのような場で、そして専門教育の中ではどのように効果的に学生が汎用コンピテンスを身に付けるのか、徐々に明らかになることが期待されます。

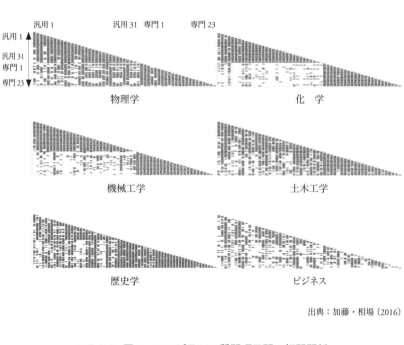

出典：加藤・相場（2016）

**コラム 8-図1　コンピテンス質問項目間の相関関係**

## 第 8 章　結論：調査から分かったこと

　第 3 章から第 7 章までの 5 章を使って、3 年間にわたり実施した「グローバルに問われる能力：社会が求める大学教育をめざして」調査から分かったことを紹介してきました。この調査から得られた知見は次のようにまとめられます。

### 1　重要度が高いと考えられるコンピテンスほど習得度も高いと考えられています（3 章）

　重要度と習得度の 2 つの結果がそろっている 5 分野（経済学、ビジネス、歴史学、地球科学、機械工学）について見ると、まず、重要な専門コンピテンスほど習得されていることが分かりました。重要なものほど習得されていなかったり、中程度に重要なものほど習得されていたりという関係は考えにくいので、これは妥当な結果だと考えられます。重要度が高いコンピテンスが身に付くような教育が提供されているとも捉えられるので、調査対象大学の教育の適切さを表しているとも言えます。重要度が習得度の認識に影響を与えるという因果関係を考えると、ここで気を付けたいのは、重要度の認識が妥当なのかどうか、という点です。例えば経済学を見ると、「数学的解法の理解」や「経済学の古典を参照した議論の実施」に関連するコンピテンスは、重要度が低いと考えられています。もちろん、習得度も低くなっています。これらのコンピテンスの重要度はなぜ低く見なされているのでしょうか。そしてそれは適切なのでしょうか。専門教育を担当する教員は、重要度の捉え方がどのように形成されているのかも含めてこれら評価を考える必要があります。

　重要度と習得度が高いと考えられているのは、まとめてしまえば、専門知識の社会生活への適用に関連するコンピテンスです。この結果からは、大学での学び

は、社会での活用を意識してなされていると考えられます。他方で、英語・外国語を用いた読解や発表は重要度と習得度が共に低いと捉えられています。これはどう考えれば良いのでしょうか。1つには学生の多くが属する学部レベルでは、ここまで求められていないという解釈です。分野によって程度の差はあるかもしれませんが、英語ではなく自国語（日本語）で専門内容を学び発表することが学部レベルでは習得すべき水準と考えられている可能性があります。習得度の認識と重要度の認識の関係の方向が先ほどとは逆、すなわち習得度の認識が重要度の認識に影響すると考えてみると、どうでしょう。すなわち本来なら習得すべきなのに中々できないものを、実は重要じゃないからと理由づけることも、多少うがった見方かもしれませんが考えられなくはありません。英語による発表や議論および読解は重要な割に習得されていないコンピテンスとしても挙げられています。重要度が低くても、習得度との差も大きいことから、習得に力を入れるべきコンピテンスと考えられます。

　地球科学や機械工学など自然科学では、業務で求められるような応用的なコンピテンスが重要な割に習得されていないと見なされていました。具体的には、機械工学では、コスト効果に見合った稼働、プロジェクトの法的・経済的・財務的側面からの検討、安全・リスク管理に関連する3つのコンピテンスです。しかし対象者間の違いをよく見てみると、実はこれらの重要度を高く捉えているのは学生であり、教員は最も低く捉え、企業人は3つのコンピテンスの内の2つを教員と同程度に低く捉えていました。つまり、このような応用的なコンピテンスを大学で身に付けることが重要だと考えたのは学生で、企業人は学生が考えるほど重要とは考えていないのです。これらコンピテンスは社会人になってから身に付けても遅くないと捉えているのかもしれませんし、大学では他のコンピテンスを身に付けてほしいと考えているのかもしれません。この辺りは大学教育で何を身に付けるべきか考えるヒントになりそうです。

## 2　学生と教員は見方が近く、彼らと企業人の見方は比較的異なりました（4章）

　調査対象とした全ての分野で、企業人は、大学関係者よりも専門コンピテンス

の重要度を低く捉えていました。やっぱり、という声が聞こえてきそうな結果です。そして学生と教員は見方が近く、彼らと企業人の見方は比較的異なりました。もっとも企業人と大学関係者の見方の近さには、分野の違いも見られました。企業人と他の大学関係者の見方が近い分野は、社会科学（経済学とビジネス）です。見方が遠いのは、物理学や歴史学です。経済学やビジネス分野は歴史学や物理学よりも企業活動に近い応用的側面を持つと考えれば、この結果も納得しうるものです。また分野別に、特に学生・教員の見方と企業人の見方が異なるコンピテンスも示されました。

　このような結果は、大学教育の改善にどのように反映すればよいのでしょうか。企業人の重要度認識に沿った改善も1つの在り方です。企業人が重要だと考えたり、重要な割に習得されていないと考えたりするコンピテンスを扱う授業を手厚くすることもありえます（後で述べるような汎用コンピテンスの重みが増すかもしれません）。企業人がどのようなコンピテンスを重要と考えるのか知るのはもちろん重要です。しかし企業の声は絶対ではありませんし、結果の活用には慎重さが求められます。専門教育を担う教員は、企業の重要度認識が時間を経て変わることや、そもそも重要度の認識自体が適切なのかどうかを問う必要がありそうです。企業の重要度認識を把握しつつも、各大学や学部のポリシーや戦略を踏まえた改善が考えられます。

## 3　学生・卒業生による専門コンピテンスの重要度と習得度の考え方において、大学間の差は大きくありません。社会科学分野（経済学とビジネス）では英語読解コンピテンスにおいて大学間の差が示されました（5章）

　5章では専門コンピテンスの重要度と習得度の考え方における大学間の差を見ました。各分野において、重要度を高く認識する大学は習得度も高く認識する傾向が見られました。他方で、学生・卒業生の認識における大学間の違いは大きくないことが示されました。つまり、研究型大学における専門コンピテンスの自己評価に限っては、どこの大学間でも専門コンピテンスの重要度と習得度の認識は大きく異ならないことが分かりました。もっともコンピテンスによっては大学間の差が

大きく示されるものもありました。社会科学分野（経済学とビジネス）では英語読解に関連するコンピテンスです。なぜ英語読解のコンピテンスなのでしょうか。なぜ経済学なら労働とか貿易などのいかにも経済学というコンピテンス、ビジネスなら経営とか会計などのいかにもビジネスというコンピテンスではないのでしょう。1つには、大学や学部によっては、特に専門英語の習得に力を入れているところもあればそうでないところもあり、教育の影響が大きいという可能性が考えられます。または、英語は入試科目でもあり、TOEFLやTOEICもしくは英語検定などの標準テストがあるように、英語読解は他の専門コンピテンスと比べて比較的容易かつ明確に他者と比較可能なコンピテンスと捉えられる影響も考えられます。大学間の差を示す英語読解の背景は推察に過ぎませんが、現在の大学教育成果の特徴を示していると考えられます。

## 4 特定のコンピテンスの習得は、分野の理解・関心の深まりや教育への満足度と関係します（6章）

6章では経済学とビジネスの分野について、どのようなコンピテンス認識を持っている学生や卒業生が、1）分野の理解や関心の深まりが高いのか、2）教育に対する満足度が高いのか、3）就職を希望する／現在している仕事と専門分野との関連性が高いのかを分析しました。まず、経済学では、統計・計量に関わるコンピテンスを習得していると考えている学生・卒業生ほど、分野の理解・関心の深まりも、教育への満足度も高いことが示されました。この辺りは、大学で教えられている現在の経済学が、統計・計量を多く含んでいる実態を表しているのかもしれません。統計・計量を理解することが、経済学分野の理解や関心を深めることに繋がり、そして理解の深まりが教育全体の満足度を高める、といった関係が考えられそうです。また専門分野に関係する仕事に就くのは、応用経済学や研究に関わるコンピテンスの習得度が高い卒業生でした。これも納得しうる結果です。応用経済学や研究に関するコンピテンスの習得度が高いことは、つまり経済学の中でも高度な内容を習得していることなので、専門分野に関係する仕事に就く希望や意欲も大きいと考えられます。

ビジネスの場合は、専門基礎に関わるコンピテンスの習得度が高い学生ほど、

専門理解度が高くなる傾向が見られました。また論理的考察に関わるコンピテンスを重要だと考え、専門基礎に関わるコンピテンスを習得している学生ほど、就職希望先と専門分野の関連度が高いことが示されました。専門分野の基礎的コンピテンスの習得が、分野の理解を深めることや、専門分野と関連する就職につながることが考えられます。もっとも卒業生の場合、専門コンピテンスの習得と就職先に特に目立った関係性は認められませんでした。この辺りは経済学の結果と比べてやや複雑な結果です。このように経済学とビジネスといった比較的近い分野であっても、学生や卒業生の教育に対する満足度や職に関する意識がコンピテンス認識から受ける影響の在り方には、違いがあるようです。

## 5 汎用コンピテンスの重要度の捉え方は分野によって異なりますが、習得度では差が見られませんでした（7章）

　汎用コンピテンスにおいても、専門コンピテンスと同様に、重要度と習得度の間では強い相関関係が示されました。つまり、重要度が高いと考えられる汎用コンピテンスほど習得度も高いと考えられることが分かりました。重要度と習得度が共に高いと考えられていたコンピテンスは、対人関係や社会への配慮に関連するコンピテンスです。他方で重要度と習得度が低いと考えられていたコンピテンスは、新たな価値を生み出すことや国際的な仕事に関連するコンピテンスでした。価値創造と国際的な活躍は、どちらも日本の大学改革において近年良く聞かれる言葉ですが（「イノベーション」とか「グローバル人材」など）、現在のところ、日本の研究型大学の大学教育で身に付きにくいコンピテンスだと言えそうです。大学卒業時では難しくとも、社会人になってからも継続的に身に付けるべきコンピテンスなのかもしれません。

　汎用コンピテンス認識における対象者間の違いを見たところ、学内や産業界など同一の業界内である場合に重要度の見方が近く、社会人経験が長いであろう企業人と教員の間で習得度の見方が近いことが分かりました。つまり、卒業生の汎用コンピテンスについて、教員と企業人が重要だと考えるところは異なりますが、身に付いたと考えるところは近いことになります。

　分野間の違いを見たところ、例外もありますが、人文・社会科学は自然科学

の分野と比べて汎用コンピテンスの重要度と習得度を相対的に高く評価する傾向が示されました。また興味深いことに、分野の違いは、習得度よりも重要度において大きいことも示されました。つまり、重要だと考える度合いは異なっていても、習得されたと考える度合いはさほど異なっていないことが分かります。例えば、汎用コンピテンスに必ず含まれるチームワークも、分野によって重要度の受け止め方が違います。数学など1人で作業をすることが多いと考えられる分野と、大規模な研究室において共同作業の実験を続けることが日常である分野では、分野という大きな括りではないかもしれませんが、やはりチームワークに関するコンピテンスの重要度認識は異なると考えられます。しかし実際に習得されたと考える度合いは、あまり異ならないのです。これは、どう考えたら良いのでしょうか。汎用コンピテンスは専門教育以外の場でも習得されている可能性もありますし、どんな分野でも一定の汎用コンピテンスを習得できるような教育環境が大学で提供されている可能性も考えられます。

　汎用コンピテンス認識の大学間の差は大きくないと結論付けられました。また分野の違いと同様に、習得度よりも重要度の認識において大学間の違いが大きいことも示されました。大学間の差は分野の差に影響されていないか確かめるためにもより詳細な分析が必要ですが、こちらも、日本の研究型大学で学ぶ場合に、習得される汎用コンピテンスは大学間でさほど違わないことも考えられます。なお、大学間の違いを多く示すコンピテンスは、重要度と習得度のいずれも社会的配慮に関連するコンピテンスでした。チームワークに関連する重要度の認識や国際的な仕事に関するコンピテンスの習得度でも違いが示されました。

　汎用コンピテンスで男女の差を見たところ、女性が高く捉えることが分かりました。女性は男性よりも、対人関係や自律的な仕事の遂行、そして社会的責任に関連するコンピテンスの重要度を高く認識していました。


　このように、調査の分析を通じて、色々と興味深い知見が得られました。しかし調査の改善点はたくさんあります。まず、既にお気づきにだと思いますが、一部の分野や対象者、そして大学のデータが少ないことです。より精緻な分析を行うには、より多くの回答者数が必要です。それから、今回の結果は研究型大学を対象としているので、日本全体には当てはめることができません。日本全体の大学教

育から得られるコンピテンスを知るには、対象大学層をより広げる必要があります。さらに言えば、大学での付加価値分、つまり大学教育によってどの程度のコンピテンスが上積みされたのか把握するための調査設計が求められます。今回の調査設計では、大学卒業時のコンピテンスの程度は分かりますが、入学時と比べてどの程度が大学教育で身に付いたのかは判然としません。最後に、どのようにコンピテンスを測るのか、評価の方法の見直しがあります。日本の大学生がコンピテンスをどの程度習得しているのか把握するには、他と比較することが必要です。1つは社会から見ることで、今回実施したような企業人の声を聞くことが考えられます。もう1つは他国の学生と比較することです。この場合は自己評価に基づく調査は馴染みませんので、テストによる調査の実施が考えられます。

### コラム9　どのようなコンピテンスを大学で身に付けるべきなのか

　本書では、大学卒業生が身に付けるべきコンピテンスについて説明しました。ここで気になるのは、大学教育を通じて一体どのようなコンピテンスをどの程度身に付けると、その後の生活、特にキャリアを形成する上で良いのかということです。もちろん、全てのコンピテンスを最大限身に付ければいい、という答えもあるでしょうが、大学時代の限られた時間と資源の中で、何をどの程度身に付けたらよいのか知ることはできないでしょうか。本書では価値創造や国際的な仕事に関連するコンピテンスの重要度や習得度の認識は低いと言う結果が示されましたが、これらは大学教育を通じて身に付けておかなくても問題ないのでしょうか。このような問いに直接答えることは残念ながらできませんが、本書で扱った調査の中で第2回調査に多少のヒントになりそうな結果があります。そこで、この結果を参考に以下で考えてみたいと思います。

　第2回調査では企業人に対して、所属する企業において、汎用性および専門性の高い能力・技能を大きく向上させる機会の程度を尋ねました。その結果、「ある」（「とてもある」「ややある」）と回答した割合は、約8割を占める（専門コンピテンス（76.6%）、汎用コンピテンス（85.9%））ことが分かりました。つまり、企業に就職してからもコンピテンスを向上させる機会は、多くの企業において得られる

ということになります。日本を代表するような良く知られた企業を対象に聞いた結果ではあるのですが、企業で働き始めてからもコンピテンスの向上はできるわけです。でも、チームワークや課題解決などの汎用コンピテンスは実務や各種研修を通じて習得できそうなので分かるにしても、特に自然科学系の専門コンピテンスも大きく向上させる機会があるのだろうか、と少し不思議になりませんか。しかし大学院で学ぶ社会人学生が近年特に増えたことからも、企業が社員に対して専門コンピテンスの向上も含めた学びをサポートしていることが考えられます。つまり、多くの企業において、専門も汎用もどちらも向上し続ける機会はあるわけです。では、大学時代に一体何を身に付ければよいのでしょうか。

　第2回調査では、大学卒業時に身に付けてほしい力として、6つの選択肢を提示し、全対象者（学生、教員、卒業生、企業人）に対して1、2、3位まで選ぶよう求めています。1位を3点、2位を2点、3位を1点として重み付けして集計した結果を企業人についてのみ見ると、「物事の本質を考え抜く思考力」が約4割（39.8％）を占めトップです。次に多いのは、「多様な考え方を理解すること」（25.4％）や、「的確な判断力や実行力」（24.6％）です。「深い専門知識を持つこと」は2.5％にすぎず、学生（22.0％）や教員（16.6％）とは対照的です。これだけ見ると、深い専門知識はほとんど評価されないのでさほど力を入れず（ちなみにこの調査では、新入社員の6割以上は、仕事内容と専門分野がほぼ一致しないと見なされていることが分かっています）、物事の本質を考え抜く思考力や多様な考え方を理解する方法を身に付ければよい、とも受け取られがちです。でも、このような力はどのように身に付くのでしょうか。私には、ハウツー本を読んでも、来た球を打ち返すような作業を現場でひたすらこなしても身に付くような気がしません。

　物事の本質を考え抜く思考力や多様な考え方を理解することは、それこそ「学問」を通じて身に付くと私は考えます（学問を学ぶ過程でどのようにして物事の本質を考え抜く思考力が身に付くのかメカニズムを示すことはできませんが、1つの可能性として示したいと思います）。吉武（2016）によれば、「学問」は先達の、試行錯誤の、気づきの、自問自答の、成果物だからです。普段の生活では、物事の本質を考え抜くトレーニングは中々できません。少なくとも今の私にはできません。それができるのは、数ある中の1つかもしれませんが、大学の学びの場ではないでしょうか。大学教育の授業で聞いた内容の多くは時間が経つにつれて忘れてしまうものです。大学で学んだ「深い専門知識」を忘れていくことは、企業で働く人々は分かっています。では忘れてしまう教育内容は意味が無いのでしょうか。そんな

ことはありません。学生は意識しなくても授業を通じて多くのことを学んでいます。大学教育からいつの間にか少しずつ学んで、その成果は無意識に蓄えられると考えられます（吉武 2016）。そうすると、大学教育を学ぶ過程で身に付けたことが問われていることになります。もっとも「的確な判断力や実行力」は、学問のみではなく、経験や場数が求められるかもしれませんので、大学教育を受けるだけで求められる全てのコンピテンスが身に付くとも言い切れませんが。

　大学で何を身に付けるべきか、この調査結果をまとめると次のようになります。まず、就職後にコンピテンスを大きく向上させる機会を活用できるような態度や姿勢です。そして「学問」により得られる、物事の本質を考え抜く思考力や多様な考え方の習得です。あまり目新しさのない、当たり前の結論になってしまいました。大学教育をきちんと受けるのは当然だと言われそうです。確かにそうです。ハウツー本のように「〜すればOK」などの分かりやすさも、目から鱗が落ちるような斬新さもありません。ただ、大学で学ぶことの意味を考えつつ、大学で一体何を身に付けるべきか意識し理解することは、学びの質を高めることに繋がると考えられます。

# 参考文献

Barrie, Simon C. 2007. "A conceptual framework for the teaching and learning of generic graduate attributes." *Studies in Higher Education* 32(4):439-458. doi: 10.1080/03075070701476100.

Beneitone, Pablo, and Edurne Bartolomé. 2014. "Global generic competences with local ownership: a comparative study from the perspective of graduates in four world regions." *Tuning Journal for Higher Education* 1(2):303-334.

Bridgstock, Ruth. 2009. "The graduate attributes we've overlooked: enhancing graduate employability through career management skills." *Higher Education Research & Development* 28(1):31-44. doi: 10.1080/07294360802444347.

Camara, Wayne, Ryan O'connor, Krista Mattern, and Mary Ann Hanson. 2015. "Beyond academics: A holistic framework for enhancing education and workplace success." In *ACT Research Report Series*, 2015(4): ACT.

Chamorro‐Premuzic, Tomas, Adriane Arteche, Andrew J. Bremner, Corina Greven, and Adrian Furnham. 2010. "Soft skills in higher education: importance and improvement ratings as a function of individual differences and academic performance." *Educational Psychology* 30(2):221-241. doi: 10.1080/01443410903560278.

Chan, Cecilia K. Y., Emily T. Y. Fong, Lillian Y. Y. Luk, and Robbie Ho. 2017. "A review of literature on challenges in the development and implementation of generic competencies in higher education curriculum." *International Journal of Educational Development* 57 (Supplement C):1-10. doi: https://doi.org/10.1016/j.ijedudev.2017.08.010.

Green, Wendy, Sarah Hammer, and Starm Cassandra. 2009. "Facing up to the challenge: why is it so hard to develop graduate attributes?" *Higher Education Research & Development* 28 (1):17-29. doi: 10.1080/07294360802444339.

Hattie, John, John Biggs, and Nola Purdie. 1996. "Effects of Learning Skills Interventions on Student Learning: A Meta-Analysis." *Review of Educational Research* 66(2):99-136. doi: 10.2307/1170605.

Howard, Larry. W., Thomas Li-Ping Tang, and M. Jill Austin. 2015. "Teaching Critical Thinking Skills: Ability, Motivation, Intervention, and the Pygmalion Effect." *Journal of Business Ethics,* 128(1), 133-147. doi:10.1007/s10551-014-2084-0

Humburg, Martin, and Rolf van der Velden. 2015. "Self-assessments or tests? Comparing cross-national differences in patterns and outcomes of graduates' skills based on international large-scale surveys." *Studies in Higher Education* 40(3):482-504. doi: 10.1080/03075079.2015.1004237.

Jones, Anna. 2009. "Redisciplining generic attributes: the disciplinary context in focus." *Studies in Higher Education* 34(1):85-100. doi: 10.1080/03075070802602018.

Kember, David, Doris Y. P. Leung, and Rosa S. F. Ma. 2006. "Characterizing Learning Environments Capable of Nurturing Generic Capabilities in Higher Education." *Research in Higher Education* 48 (5):609. doi: 10.1007/s11162-006-9037-0.

Koeppen, Karoline, Johannes Hartig, Eckhard Klieme, and Detlev Leutne. 2013. "Competence Models for Assessing Individual Learning Outcomes and Evaluating Educational Processes – A Priority Program of the German Research Foundation (DFG)." In *Modeling and Measuring Competencies in Higher Education; Tasks and Challenges*, edited by S Blömeke, O Zlatkin-Troitschanskaia, C Kuhn and J Fege, 171-192. Rotterdam: SensePublishers.

Leggett, Monica, Adrianne Kinnear, Mary Boyce, and Ian Bennett. 2004. "Student and staff perceptions of the importance of generic skills in science." *Higher Education Research & Development*, 23(3):295-312. doi:10.1080/0729436042000235418

Lighthouse. 2017. "Lighthouse Survey Report 2017."

Mattern, Krista, Jeremy Burrus, Wayne Camara, Ryan O'connor, Mary Ann Hanson, James Gambrell, Alex Casillas, and Becky Bobek. 2015. Broadening the Definition of College and Career Rediness: A Holistic Approach. In *ACT Research Report Series*: ACT.
https://files.eric.ed.gov/fulltext/ED555591.pdf

Moore, Tim. 2004. "The critical thinking debate: how general are general thinking skills?" *Higher Education Research & Development* 23(1):3-18. doi: 10.1080/0729436032000168469.

Open Doors. 2017. "Open Doors 2017." https://www.iie.org/Research-and-Insights/Open-Doors/Open-Doors-2017-Media-Information.

Sadler, D. Royce. 2013. "Making Competent Judgments of Competence." In *Modeling and Measuring Competencies in Higher Education: Tasks and Challenges*, edited by Sigrid Blömeke, Olga Zlatkin-Troitschanskaia, Christiane Kuhn and Judith Fege, 13-27. Rotterdam: SensePublishers.

Tremblay, Karine. 2013. "OECD Assessment of Higher Education Learning Outcomes (AHELO)." In *Modeling and Measuring Competencies in Higher Education: Tasks and Challenges*, edited by Sigrid Blömeke, Olga Zlatkin-Troitschanskaia, Christiane Kuhn and Judith Fege, 113-126. Rotterdam: SensePublishers.

Zlatkin-Troitschanskaia, Olga, Hans Anand Pant, Miriam Toepper, Corinna Lautenbach, and Dimitar Molerov. 2017. "Valid Competency Assessment in Higher

Education: Framework, Results, and Further Perspectives of the German Research Program KoKoHs." *AERA Open* 3(1):2332858416686739. doi: 10.1177/2332858416686739.

Zlatkin-Troitschanskaia, Olga, Richard J. Shavelson, and Christiane Kuhn. 2015. "The international state of research on measurement of competency in higher education." *Studies in Higher Education* 40 (3):393-411. doi: 10.1080/03075079.2015.1004241.

安藤輝次 2006 「アルバーノ大学の一般教育カリキュラムの改革」奈良教育大学紀要 第55巻 第1号（人文・社会）

太田英基 2013『日本がヤバイではなく、世界がオモシロイから僕らは動く。』京都：いろは出版.

黄福涛 2011「コンピテンス教育に関する歴史的・比較的な研究—コンセプト、制度とカリキュラムに焦点をあてて—」『大学論集』42:1-18.

小方直幸（編）2011『大学から社会へ—人材育成と知の還元—』リーディングス日本の高等教育 4, 橋本鉱市・阿曽沼明裕企画編集, 東京：玉川大学出版部.

加藤真紀・相場大樹 2016「専門と汎用コンピテンスの関係—日本の複数大学調査に基づく実証分析—」『Mori Arinori Center for High Education and Global Mobility Working Paper Series』No. WP2016-01. doi: http://hdl.handle.net/10086/28078

加藤真紀・ツェレンチメド、ガンボルド 2017 「経済学カリキュラム科目の重要度と習得度：日本の大学関係者によるコンピテンス認識を通じて」『Mori Arinori Center for High Education and Global Mobility Working Paper Series』No. WP2017-03.

加藤真紀 2018「学生の汎用コンピテンス習得度認識に与える専門教育と教員認識の影響」『Mori Arinori Center for High Education and Global Mobility Working Paper Series』No. WP2017-06.

柿澤寿信・平尾智隆, 松繁寿和・山﨑泉和・乾友彦 2014「大学院卒の賃金プレミアム—マイクロデータによる年齢−賃金プロファイルの分析—」『ESRI Discussion Paper』No.310 doi: http://www.esri.go.jp/jp/archive/e_dis/e_dis310/e_dis310.html

金子元久 1995「大学教育と職業の知識構造—理論的枠組み—」『調査研究報告書 No. 64 大卒者の初期キャリア形成—「大卒就職研究会」報告—』http://db.jil.go.jp/db/seika/zenbun/E2000012607_ZEN.htm

——— 2012「大学教育と学生の成長」『名古屋高等教育研究』12:211-236.

——— 2014「高等教育への示唆」『AHELO調査結果の分析に関する研究会研究成果報告書』https://www.nier.go.jp/koutou/ahelo/2014/report.pdf

ゴンザレス、フリア、ローベルト・ワーヘナール編著、深堀聰子・竹中亨訳 2012『欧州教育制度のチューニング—ボローニャ・プロセスへの大学の貢献—』東京：明石書店.

スペンサー、ライル・M．、シグネ・M．スペンサー、梅津祐良等訳 2011「コンピテンシー・マネジメントの展開（完訳版）」. 東京：生産性出版.

杉原真晃 2010「〈新しい能力〉と教養—高等教育の質保証の中で—」〈新しい能力〉は教育を変えるか—学力・リテラシー・コンピテンシー—』松下 佳代（編), 108-

138. 京都：ミネルヴァ書房.
東京大学大学院教育学研究科大学経営・政策研究センター 2005「高校生の進路についての調査」http://ump.p.u-tokyo.ac.jp/crump/resource/%E7%AC%AC1%E5%9B%9E%E9%AB%98%E6%A0%A1%E7%94%9F%EF%BC%88%E4%BF%AE%E6%AD%A3%E6%B8%88%E3%81%BF%EF%BC%89.pdf
奈須正裕 2017「『資質・能力』と学びのメカニズム」. 東京：東洋館出版社
西あゆみ・加藤真紀 2017「複数の学術領域におけるコンピテンス概念把握の試み」『Mori Arinori Center for High Education and Global Mobility Working Paper Series』No. WP2017-01.
西尾太 2015「人事の超プロが明かす評価基準―『できる人』と『認められる人』はどこが違うのか」. 東京：三笠書房.
西尾太 2017「働き方が変わる、会社が変わる、人事ポリシー」：方丈社.
濱中淳子 2016『「超」進学校開成・灘の卒業生―その教育は仕事に活きるか―』Vol. 1174, ちくま新書. 東京：筑摩書房.
濱中義隆 2014「AHELO-FS テスト結果（工学分野）の分析と活用に向けて」『AHELO 調査結果の分析に関する研究会研究成果報告書』
https://www.nier.go.jp/koutou/ahelo/2014/report.pdf
PROG 白書プロジェクト 2015『PROG 白書 2015―大学生 10 万人のジェネリックスキルを初公開―』. 東京：学事出版.
松下佳代 2007「コンピテンス概念の大学カリキュラムへのインパクトとその問題点―Tuning Project の批判的検討―」『京都大学高等教育研究』13:101-120.
マレー　スコット・T 2006「国際コンピテンス評価をふり返って」『キー・コンピテンシー―国際標準の学力を目指して』ライチェン、ドミニク・S、ローラ・H. サルガニク（編著）、63-83. 東京：明石書店.
森川正之 2013「大学院教育と就労・賃金―ミクロデータによる分析―」『DPRIETI Discussion Paper Series』13-J-046. doi: https://www.rieti.go.jp/jp/publications/dp/13j046.pdf
溝上慎一 2009「「大学生活の過ごし方」から見た学生の学びと成長の検討―正課・正課外のバランスのとれた活動が高い成長を示す―」『京都大学高等教育研究』15:107-118.
ライチェンドミニク・S、ローラ・H. サルガニク 2006「コンピテンスのホリスティックモデル」『キー・コンピテンシー―国際標準の学力を目指して』ライチェン、ドミニク・S、ローラ・H. サルガニク（編著）、63-83. 東京：明石書店.
吉武清實 2016「学問論　自分づくりと学問・教養教育」『全学教育広報（曙光）』41:11-13.
http://www2.he.tohoku.ac.jp/center/syokou/pdf/syoko41.pdf
吉本圭一 2007「卒業生を通した「教育の成果」の点検・評価方法の研究」『大学評価・学位研究』5:75-107.
ユーウェル　ピーター. 2013「AHELO フィージビリティ・スタディ：調査結果と技術諮問グ

ループ（TAG）の結論」
http://www.nier.go.jp/06_jigyou/symposium/i_sympo25/pdf/3_ewell/paper_j.pdf
山田剛史・森朋子 2010「学生の視点から捉えた汎用的技能獲得における正課・正課外
　　　の役割」『日本教育工学会論文誌』34(1):13-21.

# 参考資料

**経済学質問紙**

以下は、経済学の分野において、就職を前に大学（学部）の卒業生に備わっていることが期待される能力や知識を示しています。仕事を行う上で、それぞれがどの程度重要であると思われるか、重要度をお答え下さい。また、それぞれがどの程度習得できているとお考えか、習得度をお答え下さい。

Below is a list of general abilities and knowledge that society is likely to expect from students who acquired degree(s) in the field of Economics upon employment. Please assess, in the first question, the importance of each ability and knowledge in the workplace, and in the second question, evaluate the extent to which these expectations are being met.

| 各コンピテンスの重要度および習得度について、数字を1つ選んで〇で囲んで下さい<br>For each competence, circle one number for its importance and achieved. | 重要度<br>(Importance)<br>低 → 高<br>Low   high | 習得度<br>(Achieved)<br>低 → 高<br>Low   high |
|---|---|---|
| 1. 経済モデルを理解し、数式やグラフを用いて説明できる<br>Understands economic models and can explain them using mathematical formulae and diagrams. | 1  2  3  4 | 1  2  3  4 |
| 2. 経済学で用いられる数学的解法（ラグランジュ乗数法など）を理解できる<br>Understands mathematical solution methods used in economics (such as Lagrange multiplier method). | 1  2  3  4 | 1  2  3  4 |
| 3. 経済システムが歴史的にどのような過程を経て形成されたのか理解できる<br>Understands the historical processes by which economic systems have been formed. | 1  2  3  4 | 1  2  3  4 |
| 4. スミス、マルクス、ケインズなどの経済学の古典を参照しつつ議論することができる<br>Can engage in discussions with reference to classic texts by Smith, Marx, Keynes, and other writers. | 1  2  3  4 | 1  2  3  4 |

| | | | |
|---|---|---|---|
| 5. | 経済学の基礎概念に関する思想的背景を理解できる<br>Understands the thought background to fundamental economic concepts. | 1 2 3 4 | 1 2 3 4 |
| 6. | 経済学を学んでいない人に対して、経済理論の意味するところを分かりやすく説明できる<br>Can explain economic theory in an understandable way to someone with no background in the field. | 1 2 3 4 | 1 2 3 4 |
| 7. | 経済統計を理解し、適切に読み取ることができる<br>Understands economic statistics and can interpret them appropriately. | 1 2 3 4 | 1 2 3 4 |
| 8. | 分析目的に応じて適切な統計データを収集し、図表等に加工できる<br>Can collect relevant data suited to the intended analysis and process the data into charts and diagrams. | 1 2 3 4 | 1 2 3 4 |
| 9. | 計量経済学の基礎的手法を使って、経済分析（パネルデータ分析など）ができる<br>Can carry out economic analysis (such as panel data analysis) using the basic methods of econometrics. | 1 2 3 4 | 1 2 3 4 |
| 10. | 経済理論に基づき財政的諸課題を理解し、統計データに基づき議論できる<br>Using economic theory can understand and take part in empirical discussion of fiscal issues. | 1 2 3 4 | 1 2 3 4 |
| 11. | 経済理論に基づき金融・資本市場における諸課題を理解し、統計データに基づき議論できる<br>Using economic theory can understand and take part in empirical discussion on financial markets. | 1 2 3 4 | 1 2 3 4 |
| 12. | 経済理論に基づき労働市場における諸課題を理解し、統計データに基づき議論できる<br>Using economic theory can understand and take part in empirical discussion on labor markets. | 1 2 3 4 | 1 2 3 4 |
| 13. | 経済理論に基づき国際貿易における諸課題を理解し、統計データに基づき議論できる<br>Using economic theory can understand and take part in empirical discussion on international trade. | 1 2 3 4 | 1 2 3 4 |
| 14. | 経済理論に基づき途上国経済の諸課題を理解し、統計データに基づき議論できる<br>Using economic theory can understand and take part in empirical discussion on developing economies. | 1 2 3 4 | 1 2 3 4 |
| 15. | 厚生経済学の基準に基づき、経済政策を実証的に分析し規範的に評価することができる<br>Using normative criteria of welfare economics can carry out empirical analysis to evaluate economic policy. | 1 2 3 4 | 1 2 3 4 |
| 16. | 法制度の規範・権限・手続きの正確な理解に基づき、経済政策の議論ができる<br>Can discuss economic policy based on an accurate understanding of statutes, jurisdictions, and procedures of legal systems. | 1 2 3 4 | 1 2 3 4 |

| | | |
|---|---|---|
| 17. 新聞・雑誌等の経済記事を読み、批判的に議論することができる<br>Can understand economic articles in newspapers and magazines accurately and discuss them critically. | 1 2 3 4 | 1 2 3 4 |
| 18. 経済学の知識や手法を活用して、学際的な共同研究ができる<br>Can apply the knowledge and methods of economics to take part in interdisciplinary collaborative research. | 1 2 3 4 | 1 2 3 4 |
| 19. 英字新聞や英文雑誌の経済記事を正確に読むことができる<br>Can read and accurately understand economic articles in English-language newspapers and magazines. | 1 2 3 4 | 1 2 3 4 |
| 20. 経済学の英語文献を、正確に読むことができる<br>Can accurately understand economics literature written in English. | 1 2 3 4 | 1 2 3 4 |
| 21. 経済学の英語以外の外国語文献を、正確に読むことができる<br>Can accurately understand economics literature written in a foreign language other than English. | 1 2 3 4 | 1 2 3 4 |
| 22. 経済学の領域において、日本語で論理的かつ明晰な論文を書くことができる<br>Can write an academic paper in Japanese in a logical and lucid manner in the field of economics. | 1 2 3 4 | 1 2 3 4 |
| 23. 経済学の領域において、英語で論理的かつ明晰な論文を書くことができる<br>Can write an academic paper in English in a logical and lucid manner in the field of economics. | 1 2 3 4 | 1 2 3 4 |
| 24. 経済学に関するセミナー等の場で、英語で発表し議論することができる<br>Can give presentations and engage in discussions in English at economics seminars and similar settings. | 1 2 3 4 | 1 2 3 4 |

## ビジネス質問紙

　以下は、ビジネスの分野において、就職を前に大学（学部）の卒業生に備わっていることが期待される能力や知識を示しています。仕事を行う上で、それぞれがどの程度重要であると思われるか、<u>重要度</u>をお答え下さい。また、それぞれがどの程度習得できているとお考えか、<u>習得度</u>をお答え下さい。

　Below is a list of general abilities and knowledge that society is likely to expect from students who acquired degree(s) in the field of Business upon employment. Please assess, in the first question, the importance of each ability and knowledge in the workplace, and in the second question, evaluate the extent to which these expectations are being met.

| 各コンピテンスの重要度および習得度について、数字を1つ選んで○で囲んで下さい<br>For each competence, circle one number for its importance and achieved. | 重要度<br>(Importance)<br>低 → 高<br>Low　　high | 習得度<br>(Achieved)<br>低 → 高<br>Low　　high |
|---|---|---|
| 1. ビジネスの意思決定に関連の深いマクロ経済に関する基本的な指標（たとえば実質GDP成長率など）の意味を説明できる<br>Ability to explain the meaning of basic macroeconomic indexes (such as real GDP growth rate) closely related to business decision making. | 1　2　3　4 | 1　2　3　4 |
| 2. ビジネスに関連の深い基本的な会計指標（たとえばROEや総資本回転率）の意味を説明できる<br>Ability to explain the meaning of basic financial ratios (such as ROE and total assets turnover rate) related to business. | 1　2　3　4 | 1　2　3　4 |
| 3. ビジネスに関する基本的な用語（KPIやPDCAなど）の意味を説明できる<br>Ability to explain basic business terms (such as KPI and PDCA). | 1　2　3　4 | 1　2　3　4 |
| 4. ビジネスに関係する近年の事象や動向を的確に理解し、わかりやすく説明できる<br>Ability to understand and explain exactly recent events and trends related to business. | 1　2　3　4 | 1　2　3　4 |
| 5. ビジネスに関して、分析目的に応じて適切なデータを収集し、図表などに加工できる<br>Ability to collect appropriate data that suit the objectives of the analysis required and to present them in graphs or charts. | 1　2　3　4 | 1　2　3　4 |
| 6. ビジネスに関わる社会現象を、要因間の因果関係として図式化して、整理できる<br>Ability to put social phenomena related to business into a box-and-arrow diagram. | 1　2　3　4 | 1　2　3　4 |

| | | | |
|---|---|---|---|
| 7. | 経営学や経済学に関する専門的な書籍の内容を正確に理解することができる<br>Ability to understand the content of academic material in business administration and economics exactly. | 1 2 3 4 | 1 2 3 4 |
| 8. | 経済専門紙（『日本経済新聞』など）や、一般紙（『朝日新聞』や『読売新聞』など）の経済面、ないしそれらと同じレベルのインターネット上の情報を正確に理解できる<br>Ability to understand specialized economic newspapers (such as FT and WSJ), the economics pages of general newspapers (such as The Times and The New York Times), or information on the Web equivalent to the contents of those newspapers. | 1 2 3 4 | 1 2 3 4 |
| 9. | ビジネスに関連して、従来からの考え方や仕事のやり方に内在する問題に気づき、それに代わる発想や進め方を積極的に考えたり、提案したりできる<br>Ability to notice problems existed in the conventional ways of thinking and working in business, and to come up with and suggest new ideas and new procedures in order to improve conditions in business. | 1 2 3 4 | 1 2 3 4 |
| 10. | これから生じることを想定して仕事の段取りを決めるスキルが身についている<br>Ability to organize a work plan by considering future events. | 1 2 3 4 | 1 2 3 4 |
| 11. | 経営学や経済学に関する専門的な英文書籍や英語論文を読んで、内容を正確に理解できる<br>Ability to understand the content of specialized English books or journal articles in business and economics exactly. | 1 2 3 4 | 1 2 3 4 |
| 12. | ビジネスに関する英語のネット情報を読んで、内容を正確に理解できる<br>Ability to understand the English content of online information in business. | 1 2 3 4 | 1 2 3 4 |
| 13. | ビジネスに関して、英語で口頭のコミュニケーションができる<br>Ability to discuss business issues in English. | 1 2 3 4 | 1 2 3 4 |
| 14. | アンケートの設計方法といった社会調査の基本的な手法を身につけて、ビジネスに関する調査に応用できる<br>Possession of the basic skills to conduct social research (such as how to design questionnaires) and the ability to apply those skills to business surveys. | 1 2 3 4 | 1 2 3 4 |
| 15. | 回帰分析をはじめとする、統計分析の手法に基づいて、実際にデータを使ってビジネスの統計分析ができる<br>Ability to conduct appropriate statistical analysis (such as regression analysis) in a business context with actual data. | 1 2 3 4 | 1 2 3 4 |

| | | | |
|---|---|---|---|
| 16. 貸借対照表や損益計算書などの財務諸表を分析して、その企業の財務上の特性や問題を指摘できる<br>Ability to analyze a company's accounting statements (such as a balance sheet and profit-and-loss statement) and to point out the financial characteristics and problems of the company. | 1 2 3 4 | 1 2 3 4 |
| 17. DCF 法をはじめとする、企業による投資や企業価値を評価するための基本的な理論に基づいて、企業活動を考察できる<br>Ability to examine business activity based on the basic theory for evaluating a company's investments or corporate value (such as the DCF method). | 1 2 3 4 | 1 2 3 4 |
| 18. 事業戦略や経営戦略の分析枠組み（たとえばマイケル・ポーターのファイブ・フォーセズ・モデル）に基づいて、企業行動を考察できる<br>Ability to examine business behavior based on a basic framework for business and corporate strategy (such as Michael Porter's Five Forces Model). | 1 2 3 4 | 1 2 3 4 |
| 19. 4P's や STP（セグメンテーション・ターゲティング・ポジショニング）といったマーケティングの基本概念に基づいて、マーケティングに関わる実際の現象を考察できる<br>Ability to examine actual marketing phenomena using basic concepts of marketing (such as the 4P's and the segmentation–targeting–positioning approach). | 1 2 3 4 | 1 2 3 4 |
| 20. モチベーション（動機付け）やリーダーシップをはじめとする、人間行動や集団での現象に関わる基本的な考え方に基づいて、企業における人間行動を考察できる<br>Ability to examine actual human behavior in companies relying on basic concepts of human behavior and group dynamics (such as motivation and leadership). | 1 2 3 4 | 1 2 3 4 |
| 21. 企業組織を設計する際のベースとなる基本的な組織形態（構造）の考え方に基づいて、企業組織について考察できる<br>Ability to examine a business' organization using the basic theories of organizational structure. | 1 2 3 4 | 1 2 3 4 |
| 22. 企業の人事政策・慣行を人的資源管理論の基本的な考え方に基づいて分析できる<br>Ability to analyze actual human resource policy and practices of a company using basic human resource management theories. | 1 2 3 4 | 1 2 3 4 |
| 23. 生産システムを管理する上でベースとなる基本的な考え方に基づいて、企業活動を考察できる<br>Ability to use the basic theories of production management to examine real business activity. | 1 2 3 4 | 1 2 3 4 |
| 24. 社会における企業の役割について、様々な利害関係者を含めた広い視点から考察できる<br>Ability to examine the functions of companies in society from a broad perspective that includes multiple stakeholders. | 1 2 3 4 | 1 2 3 4 |

| | | |
|---|---|---|
| 25. 国や文化の違いが企業経営に及ぼす影響など、国際的な事業展開に関わる基本的な枠組みに基づいて、企業活動を考察できる<br>Ability to use international management theory (such as an impact of cultural differences among countries on management) to examine real business activity. | 1 2 3 4 | 1 2 3 4 |
| 26. 企業における問題を分析して、解決策を作成することができる<br>Ability to analyze and structure a problem of an enterprise and design a solution (i.e. entering a new market). | 1 2 3 4 | 1 2 3 4 |
| 27. 組織を詳細に調べて、税法や投資、ケース・スタディ、プロジェクト・ワークなどに関するコンサルティングの提案ができる<br>Audit an organization and design consultancy plans (i.e. tax law, investment, case studies, and project work). | 1 2 3 4 | 1 2 3 4 |
| 28. 文化や倫理のようなビジネスに関連する問題を認識して、それらが企業組織に与える影響を理解できる<br>Identify related issues such as culture and ethics and understand their impact on business organizations. | 1 2 3 4 | 1 2 3 4 |
| 29. 購買、製造、物流、マーケティング、財務、人事といった、企業組織の各職能を認識して、それらの間の関係を理解できる<br>Identify the functional areas of an organization and their relations (i.e. purchasing, production, logistics, marketing, finance, human resource). | 1 2 3 4 | 1 2 3 4 |
| 30. マクロ的・ミクロ的要因（財政・金融システムや域内市場）が企業に与える影響を認識できる<br>Identify the impact of macro- and microeconomic elements on business organizations (i.e. financial and monetary systems, internal markets). | 1 2 3 4 | 1 2 3 4 |
| 31. 既存技術や新規技術を理解して、それらが新たな市場や将来の市場に対して与える影響を想定することができる<br>Understand existent and new technology and its impact for new / future markets. | 1 2 3 4 | 1 2 3 4 |

## 汎用質問紙　Questionnaire on Generic

　以下は、就職を前に大学（学部）の卒業生に備わっていることが期待される汎用的な能力や知識を示しています。仕事を行う上で、それぞれがどの程度重要であると思われるか、<u>重要度</u>をお答え下さい。また、それぞれがどの程度習得できているとお考えか、<u>習得度</u>をお答え下さい。

　Below is a list of general abilities and knowledge that society is likely to expect from graduates. Please assess, in the first question, the importance of each ability and knowledge in the workplace, and in the second question, evaluate the extent to which these expectations are being met.

| 各コンピテンスの重要度および習得度について、数字を1つ選んで○で囲んで下さい<br>For each competence, circle one number for its importance and achieved. | 重要度<br>(Importance)<br>低　→　高<br>Low　　high | 習得度<br>(Achieved)<br>低　→　高<br>Low　　high |
|---|---|---|
| 1. 抽象的な理論や概念を使って、物事を考え、分析し、まとめることができる<br>Ability for abstract thinking, analysis and synthesis. | 1　2　3　4 | 1　2　3　4 |
| 2. 実際の状況に知識を適用することができる<br>Ability to apply knowledge in practical situations. | 1　2　3　4 | 1　2　3　4 |
| 3. 時間を管理しつつ、物事を計画的に進めることができる<br>Ability to plan and manage time. | 1　2　3　4 | 1　2　3　4 |
| 4. 専門分野の知識と理解を基に、関連する職業や仕事を理解することができる<br>Knowledge and understanding of the subject area and understanding of the profession. | 1　2　3　4 | 1　2　3　4 |
| 5. 日本語（留学生の場合には母語）により、口頭・筆記両方でコミュニケーションできる<br>Ability to communicate both orally and through the written word in native language. | 1　2　3　4 | 1　2　3　4 |
| 6. 自分が最も得意な外国語で、コミュニケーションができる<br>Ability to communicate in a second language. | 1　2　3　4 | 1　2　3　4 |
| 7. 情報通信技術を活用することができる<br>Skills in the use of information and communication technologies. | 1　2　3　4 | 1　2　3　4 |
| 8. 目的に応じて、適切なレベルの研究を遂行することができる<br>Ability to undertake research at an appropriate level. | 1　2　3　4 | 1　2　3　4 |
| 9. 学習する能力を持ち、最新の知識を取り入れることができる<br>Capacity to learn and stay up-to-date with learning. | 1　2　3　4 | 1　2　3　4 |

| | | |
|---|---|---|
| 10. さまざまな情報源を探索し、そこから得た情報を分析することができる<br>Ability to search for, process and analyze information from a variety of sources. | 1 2 3 4 | 1 2 3 4 |
| 11. 物事を批判的にとらえると同時に、自らの行動や考え方を批判的に考察することができる<br>Ability to be critical and self-critical. | 1 2 3 4 | 1 2 3 4 |
| 12. 新しい状況に適応し、適切に行動することができる<br>Ability to adapt to and act in new situations. | 1 2 3 4 | 1 2 3 4 |
| 13. 創造的なアイディアを新たに生み出すことができる<br>Capacity to generate new ideas (creativity). | 1 2 3 4 | 1 2 3 4 |
| 14. 解くべき問題を特定し、解決することができる<br>Ability to identify, pose and resolve problems. | 1 2 3 4 | 1 2 3 4 |
| 15. 筋道を立てて考え、物事を決めることができる<br>Ability to make reasoned decisions. | 1 2 3 4 | 1 2 3 4 |
| 16. チームの一員として働くことができる<br>Ability to work in a team. | 1 2 3 4 | 1 2 3 4 |
| 17. 他人とうまく関係を作ることができる<br>Interpersonal and interaction skills. | 1 2 3 4 | 1 2 3 4 |
| 18. 人々のやる気を引き出し、その人たちを共通の目標に向けて動かすことができる<br>Ability to motivate people and move toward common goals. | 1 2 3 4 | 1 2 3 4 |
| 19. 専門分野の異なる人と、共同作業を行うことができる<br>Ability to communicate with non-experts of one's field. | 1 2 3 4 | 1 2 3 4 |
| 20. 多様性を理解し、尊重することができる<br>Appreciation and respect for diversity. | 1 2 3 4 | 1 2 3 4 |
| 21. 国際的な環境で仕事をすることができる<br>Ability to work in an international context. | 1 2 3 4 | 1 2 3 4 |
| 22. 自律的に仕事を進めることができる<br>Ability to work autonomously. | 1 2 3 4 | 1 2 3 4 |
| 23. プロジェクトを設計し、管理することができる<br>Ability to design and manage projects. | 1 2 3 4 | 1 2 3 4 |
| 24. 安全性を遵守することができる<br>Commitment to safety. | 1 2 3 4 | 1 2 3 4 |
| 25. 企業家精神を持ち、物事を率先してすすめることができる<br>Spirit of enterprise, ability to take initiative. | 1 2 3 4 | 1 2 3 4 |
| 26. 倫理的な考え方に基づき行動することができる<br>Ability to act on the basis of ethical reasoning. | 1 2 3 4 | 1 2 3 4 |
| 27. 仕事の質を評価し、高いレベルで維持することができる<br>Ability to evaluate and maintain quality of work produced. | 1 2 3 4 | 1 2 3 4 |
| 28. 与えられた職務とそれに伴う責任を、強い意思と忍耐力をもって遂行することができる<br>Determination and perseverance in the tasks given and responsibilities taken. | 1 2 3 4 | 1 2 3 4 |

| | | | |
|---|---|---|---|
| 29. 環境保護に取り組むことができる<br>Commitment to the conservation of the environment. | 1 2 3 4 | 1 2 3 4 |
| 30. 社会的責任や地域社会の一員としての自覚に基づいて行動することができる<br>Ability to act with social responsibility and civic awareness. | 1 2 3 4 | 1 2 3 4 |
| 31. 機会均等やジェンダーに関する問題などに自覚的である<br>Ability to show awareness of equal opportunities and gender issues. | 1 2 3 4 | 1 2 3 4 |

汎用コンピテンスの出典はチューニングアカデミーに準じる。

## おわりに

　この本の執筆は、そもそも、3年も調査をしたのだから結果を本にまとめられないだろうかと沼上幹一橋大学森有礼高等教育国際流動化機構長が言い出したことがきっかけでした。それはつまり、本を書け、という指示でもあります。そして、本を書くために最終的に残ったメンバーは、加藤と、喜始、柳樂の3人でした。この3人は、論文は書いたことがあっても本など書いたことの無い、とても頼りない面々でした。執筆開始当初には少なくとも私にはそう思えました。

　しかし本は書かなくてはなりません。3人でほぼ2週間ごとの打合せを基に原稿を書き進めました。寡黙な面々が集う打合せは、正直に言って盛り上がりませんでした。それでも原稿は遅々として書きあがりました。煩雑なデータ処理と、良く分からない私からのお題を適当にかわしつつも、最後まで真摯に対応してくれた柳樂君に感謝します。それから、静かに書き進めてくれた喜始さんに感謝します。この本は我々の勉強の成果でもあります。私は、本を書く過程で多くのことを学びました。新たな分析を追加したので、新しい発見も多々ありました。なぜ今まで分析しなかったのか不思議に思うほどです。そして、まだ分からないことも整理されました。

　この本では調査の結果を基に色々と述べてきました。私たちは結局のところ何を伝えたかったのでしょうか。各分野のコンピテンスなどの細かいことも大切ですが、とても大きくまとめると、高等教育で何を学ぶべきかステークホルダーのみなさんが自分なりに考えほしいと言うことではないかと思います。あまりにも漠然としていますし、自分が学部生の時にはそんなことをこれっぽっちも考えていなかったので（大学の先生にお任せ）、大それた期待であることは十分承知しています。

　このあとがきを書いている間に、普段ほとんど忘れていることを思い出しました（先日、子供と観た映画で、アメリカ北東部の空気感を懐かしく感じたためかもしれません）。それは、アメリカで修士課程を学んだ時の合宿です。大学院生と教員が山荘に泊

まり込んで議論したのは、私が所属した専攻の学生は何を学ぶべきか、ということでした。学生たちは卒業後に何ができるようになるべきか必死で考え議論が続きました。教員は、我々学生の議論を時にはもどかしい思いで聞いていたかもしれません。その後、合宿で合意された「学びたいこと」に基づいて、学生と古参の教員によって新たな教員が選ばれ、新しい授業が提供され始めました。私は何か信じられない気持ちで一連の流れの中にいました。

　この本から得られるメッセージは人それぞれだと思いますが、読んでくれるみなさまに少しでも伝わることを祈っています。

　2018年12月　一橋大学　国立キャンパスにて

　　　　　　　　　　　　　　　　　　　　　著者を代表して　加藤真紀

# 事項索引

## 【英字】

AHELO ............................................. 18, 19, 23
CALOHEE ........................................ 19, 20, 23
European Commission ............................ 20
HEGESCO .......................................... 16, 22
holistic nature ...................................... 15
OECD ................................... 4-6, 13, 18, 23
PIACC ............................................ 16, 22, 23
REFLEX ........................................... 16, 22, 23
TOEFL ............................................. 15, 167

## 【ア行】

アメリカ ............... 4, 8-10, 15, 17-19, 21, 24, 55, 119, 120
新たな価値（価値創造） ............. 46, 168, 170
アルバーノカレッジ ................................ 10
イノベーション ................................. 9, 168
因子分析 ................... 125, 126, 128, 133, 140
英語読解 ............................. 42, 97, 117, 167
エンプロイヤビリティ（雇用可能性） ......... 4, 20
欧州高等教育圏 ..................................... 23

## 【カ行】

回帰分析 ........................... 122, 125, 135, 140
課題解決 .................................. 5, 15, 55, 171
課題発見・解決能力（課題発見力） ......... 6-8
カリキュラム ......... 11, 21, 22, 27, 28, 34, 54, 55, 160, 161
キーコンピテンシー ............................... 4-6
企業人事 .......................................... 24, 25
教育改革推進懇話会 ..................... 27, 28, 36
教育満足度 ......... 31, 32, 121-123, 125, 127, 130, 135, 139
教員の影響 ........................................... 160
グローバル人材 ................................ 36, 168
研究型大学 ............ 28, 88, 122, 166, 168, 169
国際移動 ............................................... 9
国際的な仕事 ......... 143, 151, 155, 159, 168, 169, 170
コミュニケーション能力（コミュ力） ..... 7, 10, 79, 80, 87
コンテンツベース ................................... 10
コンピテンシー・モデル ............................ 8
コンピテンス・モデル ............................... 9

## 【サ行】

差分 ................... 37, 61, 63, 68, 69, 71, 75, 78
差別化 ............................................. 11, 26
参照基準 ........................... 9, 12, 13, 20, 21, 22
自己評価 ....................... 15-17, 19, 22, 166, 170
社会人基礎力 ..................................... 5-8, 27
社会人経験 .................................. 146, 159, 168
社会的配慮 ........................... 143, 155, 159, 169
就職（希望）先関連度 ......... 32, 121-123, 125, 127, 130, 135, 139
情報化社会 ............................................ 9
初等中等教育 ......................................... 7
シラバス ............................................. 141
ステークホルダー ......................... 21, 28, 141
ゼミ ................................................... 11
専門基礎 ......................... 133, 135, 139, 140, 167, 168
専門教育 ......... 11, 12, 14, 27, 122, 123, 139, 141, 160, 161, 163, 164, 166, 169
専門理解度 ......... 31, 32, 121, 122, 125, 127, 130, 135, 139, 168

戦略·····················································8, 25, 166
相関係数···37, 40, 42, 44, 46, 48, 54, 56, 57, 59,
　　　　　　　84, 88, 93, 108, 109, 113, 114,
　　　　　　　140, 161, 162
ソフトスキル··································4, 12, 22

【タ行】

大学関係者·····27, 28, 32, 56, 59, 79, 80, 82, 84,
　　　　　　　165, 166
大学教育の質保証································12
大学ランキング······························17, 118
多重比較················88, 89, 118, 145, 155, 157
男女の差······································159, 169
チームワーク·····5, 15, 16, 25, 155, 159, 169, 171
知識基盤社会········································9
チューニング································20, 27
チューニングアカデミー···········13, 19-21, 34
直接評価············································16
ディプロマ・ポリシー····················42, 54, 55
ドイツ·········································13, 19

【ナ行】

日本学術会議······································12
認知能力·······································13, 16

【ハ行】

一橋大学·································27, 32, 34, 141
ブラックボックス·································55
文系·······································56, 57, 59, 86
分散分析·········88, 93, 103, 113, 114, 117, 118,
　　　　　　　143, 145, 148, 153
分野依存···········································24
ペーパーテスト································10, 12
ボローニャ・ツール··························20, 23

【マ行】

学ぶ場············································161
問題解決··························4, 11, 23, 24, 133

【ヤ行】

ヨーロッパ·····························13, 17, 19, 20, 23, 54

【ラ行】

リーダーシップ···················14, 46, 75, 87
理系······································56, 57, 59, 86
リベラルアーツ····································10
留学生········································54, 55
論理的思考力（論理的・批判的思考）····7, 10,
　　　　　　　11

# 人名索引

ゲイリー・ハメル·································8
コインバトール・K・プラハラード············8
デイビッド・C・マクレランド··············8, 10
ライトハウス····································119

ライル・M・スペンサー、シグネ・M・スペンサー·······················································8, 24
ロバート・ホワイト································3

著 者

加藤真紀（かとう・まき）

一橋大学森有礼高等教育国際流動化機構准教授、東北大学大学院情報科学研究科後期博士課程人間社会情報科学修了（博士（情報科学））、マサチューセッツ州立大学教育学部修士課程国際教育専攻修了。直近の著書は以下の通り。

Maki Kato & Ken Suzuki. (2018). Effective or self-selective: Random assignment demonstrates short-term study abroad effectively encourages further study abroad. *Journal of Studies in International Education*. (On-line first)、

Maki Kato. (2018). Regional differences in the labor supply of married female graduates: Why is it lower in the metropolitan areas of Japan?. *Review of Urban & Regional Development Studies* (On-line first)。

喜始照宣（きし・あきのり）

園田学園女子大学人間健康学部助教、東京大学大学院教育学研究科博士課程満期退学。
著書に『就労支援を問い直す──自治体と地域の取り組み』（分担執筆、勁草書房、2014年）、論文に「専門コンピテンス達成度が教育満足度に与える影響──経済学・機械工学分野に着目して」『大学教育学会誌』第39巻第2号（2017年）など。

グローバルに問われる日本の大学教育成果　　〔検印省略〕

2019年3月5日　初　版　第1刷発行　　＊定価はカバーに表示してあります。

著者 © 加藤真紀、喜始照宣　　発行者　下田勝司　　印刷・製本／中央精版印刷株式会社

東京都文京区向丘 1-20-6　郵便振替 00110-6-37828
〒113-0023　TEL 03-3818-5521（代）　FAX 03-3818-5514

発　行　所
株式会社　東信堂

Published by TOSHINDO PUBLISHING CO., LTD.
1-20-6, Mukougaoka, Bunkyo-ku, Tokyo, 113-0023 Japan
E-Mail：tk203444@fsinet.or.jp　http://www.toshindo-pub.com

ISBN978-4-7989-1546-3　C3037　©KATO Maki, KISHI Akinori

東信堂

|  |  |  |
|---|---|---|
| 大学教学マネジメントの自律的構築——主体的学びへの大学創造二〇年史 | 関西国際大学編 | 二八〇〇円 |
| 学修成果への挑戦——地方大学からの教育改革 | 濱名篤著 | 二四〇〇円 |
| グローバルに問われる日本の大学教育成果 | 加藤真紀 | 二八〇〇円 |
| 転換期を読み解く——大学とは何か【第二版】 | 喜始照宣 | 二六〇〇円 |
| 大学再生への具体像——潮木守一時評・書評集 | 潮木守一 | 二四〇〇円 |
| リベラル・アーツの源泉を訪ねて | 潮木守一 | 三二〇〇円 |
| 「大学の死」、そして復活 | 絹川正吉 | 二八〇〇円 |
| 大学教育の思想——学士課程教育のデザイン | 絹川正吉 | 二六〇〇円 |
| 大学教育の在り方を問う | 絹川正吉 | 二三〇〇円 |
| 北大 教養教育のすべて | 山田宣夫 | 二四〇〇円 |
| エクセレンスの共有を目指して | 小笠原正明 編著 | 三七〇〇円 |
|  | 田中弘允 |  |
|  | 佐藤博明 |  |
|  | 田原博人 |  |
| 検証 国立大学法人化と大学の責任——その制定過程と大学自立への構想 | 田原博人 | 四二〇〇円 |
| 国立大学職員の人事システム——管理職への昇進と能力開発 | 渡辺恵子 | 二六〇〇円 |
| 国立大学法人の形成 | 大﨑仁 | 二六〇〇円 |
| 国立大学法人の行方——自立と格差のはざまで | 天野郁夫 | 三六〇〇円 |
| 教育と比較の眼 | 江原武一 | 二八〇〇円 |
| 大学は社会の希望か | 江原武一 | 三六〇〇円 |
| 転換期日本の大学改革——アメリカとの比較 | 江原武一 | 三六〇〇円 |
| 大学の管理運営改革——日本の行方と諸外国の動向 | 杉本均編著 | 三六〇〇円 |
| 大学経営・政策入門 東京大学 大学経営・政策コース編 |  | 二四〇〇円 |
| 大学経営とマネジメント | 新藤豊久編著 | 二五〇〇円 |
| 大学戦略経営の核心 | 篠田道夫 | 三六〇〇円 |
| 大学戦略経営論 | 篠田道夫 | 三六〇〇円 |
| 大学戦略経営Ⅲ 大学事例集 | 篠田道夫 | 三四〇〇円 |
| 戦略経営論 中長期計画の実質化によるマネジメント改革 | 篠田道夫 | 三四〇〇円 |
| カレッジ(アン)バウンド | J・J・セリンゴ著 船守美穂訳 | 三六〇〇円 |
| 米国高等教育の現状と近未来のパノラマ | 福井文威 | 三六〇〇円 |
| 米国高等教育の拡大する個人寄付 | 福井文威 | 三三〇〇円 |
| 大学の財政と経営 | 丸山文裕 | 三六〇〇円 |
| 私立大学マネジメント ㈳私立大学連盟編 |  | 四七〇〇円 |
| 私立大学の経営と拡大・再編——一九八〇年代後半以降の動態 | 両角亜希子 | 四二〇〇円 |
| 学長奮闘記——学長変われば大学変えられる | 岩田年浩 | 二〇〇〇円 |

〒113-0023 東京都文京区向丘1-20-6
TEL 03-3818-5521 FAX 03-3818-5514 振替 00110-6-37828
Email tk203444@fsinet.or.jp URL: http://www.toshindo-pub.com/

※定価：表示価格（本体）＋税

東信堂

|  |  |  |
|---|---|---|
| 大学の自己変革とオートノミー —点検から創造へ | 寺﨑昌男 | 二五〇〇円 |
| 大学教育の創造—歴史・システム・カリキュラム | 寺﨑昌男 | 二五〇〇円 |
| 大学教育の可能性—教養教育・評価・実践 | 寺﨑昌男 | 二八〇〇円 |
| 大学は歴史の思想で変わる—FD・評価・私学 | 寺﨑昌男 | 二五〇〇円 |
| 大学改革 その先を読む | 寺﨑昌男 | 一三〇〇円 |
| 大学自らの総合力—理念としてのFD | 寺﨑昌男 | 二〇〇〇円 |
| 大学自らの総合力Ⅱ—そしてSD | 寺﨑昌男 | 二四〇〇円 |
| 21世紀の大学：職員の希望とリテラシー | 寺﨑昌男 | 二五〇〇円 |
| ミッション・スクールと戦争—立教学院のディレンマ 大学再生への構想力 | 老川慶喜編 | 五八〇〇円 |
| 一貫連携英語教育をどう構築するか | 前田啓朗他編著 立教学院職員研究会 | 一八〇〇円 |
| 英語の一貫教育へ向けて—「道具」としての英語観を超えて | 立教学院英語教育研究会編 | 二八〇〇円 |
| 大学評価の体系化 | 大学基準協会編 | 三二〇〇円 |
| 高等教育の質とその評価—日本と世界 | 山田礼子編著 | 二八〇〇円 |
| アウトカムに基づく大学教育の質保証—チューニングとアセスメントにみる世界の動向 | 深堀聰子編著 | 三六〇〇円 |
| 高等教育質保証の国際比較 | 羽田貴史・杉本和弘・米澤彰純編 | 三六〇〇円 |
| 学士課程教育の質保証へむけて—学生調査と初年次教育からみえてきたもの | 山田礼子 | 三二〇〇円 |
| 新自由主義大学改革—国際機関と各国の動向 | 細井克彦編集代表 | 三八〇〇円 |
| 新興国家の世界水準大学戦略—世界水準をめざすアジア・中南米と日本 | 米澤彰純監訳 | 四八〇〇円 |
| 東京帝国大学の真実 | 舘昭 | 二〇〇〇円 |
| 原理・原則を踏まえた大学改革を—日本近代大学形成の検証と洞察 | 舘昭 | 四六〇〇円 |
| 場当たり策からの脱却こそグローバル化の条件 |  |  |
| 学生支援に求められる条件—学生支援GPの実践と新しい学びのかたち | 清浜畑大島野雄幸勇多司人 | 二八〇〇円 |
| アカデミック・アドバイジング その専門性と実践—日本の大学へのアメリカの示唆 | 清水栄子 | 二四〇〇円 |

〒113-0023 東京都文京区向丘1-20-6
TEL 03-3818-5521 FAX03-3818-5514 振替 00110-6-37828
Email tk203444@fsinet.or.jp URL:http://www.toshindo-pub.com/

※定価：表示価格（本体）＋税

東信堂

## 溝上慎一 監修 アクティブラーニング・シリーズ（全7巻）

① アクティブラーニングの技法・授業デザイン　安永悟 編　一六〇〇円
② アクティブラーニングとしてのPBLと探究的な学習　水野正朗 編　一八〇〇円
③ アクティブラーニングの評価　成田秀夫 編　一六〇〇円
④ 高等学校におけるアクティブラーニング：理論編（改訂版）　石井英真 編　一六〇〇円
⑤ 高等学校におけるアクティブラーニング：事例編　松下佳代 編　二〇〇〇円
⑥ アクティブラーニングをどう始めるか　成田秀夫　一六〇〇円
⑦ 失敗事例から学ぶ大学でのアクティブラーニング　亀倉正彦　一六〇〇円

## 学びと成長の講話シリーズ

① アクティブラーニング型授業の基本形と生徒の身体性　溝上慎一　一六〇〇円
② 学習とパーソナリティ――「あの子はおとなしいけど成績はいいんですよね…」をどう見るか　溝上慎一　一六〇〇円

大学生白書2018
――今の大学教育では学生を変えられない　溝上慎一　二八〇〇円

アクティブラーニングと教授学習パラダイムの転換　溝上慎一　二四〇〇円

グローバル社会における日本の大学教育
――全国大学調査からみえてきた現状と課題　河合塾編著　三八〇〇円

大学のアクティブラーニング
――全国大学調査からみえてきたこと　河合塾編著　三二〇〇円

「学び」の質を保証するアクティブラーニング
――3年間の全国大学調査から　河合塾編著　二〇〇〇円

「深い学び」につながるアクティブラーニング
――全国大学の学科調査報告とカリキュラム設計の課題　河合塾編著　二八〇〇円

アクティブラーニングでなぜ学生が成長するのか
――経済系・工学系の全国大学調査からみえてきたこと　河合塾編著　二六〇〇円

附属新潟中式「3つの重点」を生かした確かな学びを促す授業
――教科独自の眼鏡を育むことが、主体的・対話的で深い学びの鍵となる！　新潟大学教育学部附属新潟中学校 編著　二〇〇〇円

社会に通用する持続可能なアクティブラーニング
――ICEモデルが大学と社会をつなぐ　土持ゲーリー法一　二五〇〇円

ポートフォリオが日本の大学を変える
――ティーチング／ラーニング／アカデミック・ポートフォリオの活用　土持ゲーリー法一　二五〇〇円

ティーチング・ポートフォリオ 授業改善の秘訣　土持ゲーリー法一　二〇〇〇円

ラーニング・ポートフォリオ――学習改善の秘訣　土持ゲーリー法一　二五〇〇円

〒113-0023 東京都文京区向丘1-20-6　TEL 03-3818-5521　FAX03-3818-5514　振替 00110-6-37828
Email tk203444@fsinet.or.jp　URL:http://www.toshindo-pub.com/

※定価：表示価格（本体）＋税

# 東信堂

|  |  |  |
|---|---|---|
| 若手研究者必携 比較教育学の研究スキル——リーディングス 比較教育学 地域研究 | 山内乾史編著 | 一七〇〇円 |
| 比較教育学——多様性の教育学へ | 西野節男／中矢礼美／近藤孝弘編著 | 三七〇〇円 |
| 比較教育学事典 | 日本比較教育学会編 | 一二〇〇〇円 |
| 比較教育学の地平を拓く | 森山肖稔編著 | 四六〇〇円 |
| 比較教育学——越境のレッスン | 山下肖稔編著 | 三六〇〇円 |
| 比較教育学——伝統・挑戦・新しいパラダイムを求めて | M・ブレイ編著／馬越徹・大塚豊監訳 | 三八〇〇円 |
| 国際教育開発の研究射程——「持続可能な社会」のための比較教育学の最前線 | 馬越徹 | 三六〇〇円 |
| 市民性教育の研究——日本とタイの比較 | 平田利文編著 | 二八〇〇円 |
| 社会を創る市民の教育——協働によるシティズンシップ教育の実践 | 北村友人編著 | 二四〇〇円 |
| ペルーの民衆教育 | 工藤瞳 | 三二〇〇円 |
| 国際教育開発の再検討——途上国の基礎教育普及に向けて | 小川未空／西村幹子／北村友人編著 | 二四〇〇円 |
| アメリカにおける多文化的歴史カリキュラム | 桐谷正信 | 三六〇〇円 |
| アセアン共同体の市民性教育——「社会を変える」教育の変容と学校での受容 | 平田利文編著 | 三七〇〇円 |
| アメリカ公民教育におけるサービス・ラーニング | 唐木清志 | 四六〇〇円 |
| 発展途上国の保育と国際協力 | 浜野隆／三輪千明編著 | 三八〇〇円 |
| 中国教育の文化的基盤 | 顧明遠／大塚豊監訳 | 二九〇〇円 |
| 中国大学入試研究——変貌する国家の人材選抜 | 大塚豊 | 三六〇〇円 |
| 東アジアの大学・大学院入学者選抜制度の比較——中国・台湾・韓国・日本 | 南部広孝 | 三二〇〇円 |
| 中国高等教育独学試験制度の展開 | 南部広孝 | 三二〇〇円 |
| 中国の職業教育拡大政策——背景・実現過程・帰結 | 劉文君 | 五〇四八円 |
| 中国における大学奨学金制度と評価 | 王帥 | 五四〇〇円 |
| 中国高等教育の拡大と教育機会の変容 | 王傑 | 三九〇〇円 |
| 中国の素質教育と教育機会の平等 | 代玉 | 五八〇〇円 |
| 現代中国初中等教育の多様化と教育改革——都市と農村の小学校の事例を手がかりとして | 楠山研 | 三六〇〇円 |
| グローバル人材育成と国際バカロレア——アジア諸国のIB導入実態 | 李霞編著 | 二九〇〇円 |
| 文革後中国基礎教育における「主体性」の育成 | 李霞 | 二八〇〇円 |

〒113-0023 東京都文京区向丘1-20-6
TEL 03-3818-5521 FAX03-3818-5514 振替 00110-6-37828
Email tk203444@fsinet.or.jp URL:http://www.toshindo-pub.com/

※定価：表示価格（本体）＋税

# 東信堂

|  |  |  |
|---|---|---|
| 放送大学に学んで——未来を拓く学びの軌跡 | 放送大学中国・四国ブロック学習センター編 | 二〇〇〇円 |
| ソーシャルキャピタルと生涯学習 | J・フィールド 矢野裕俊監訳 | 二五〇〇円 |
| 成人教育の社会学——パワー・アート・ライフコース | 矢野裕俊編著 | 三二〇〇円 |
| NPOの公共性と生涯学習のガバナンス | 高橋満 | 二八〇〇円 |
| コミュニティワークの教育的実践 | 高橋満 | 二〇〇〇円 |
| 学級規模と指導方法の社会学——実態と教育効果 | 山崎博敏 | 三二〇〇円 |
| 高等専修学校における適応と進路——後期中等教育のセーフティネット | 伊藤秀樹 | 四六〇〇円 |
| 「夢追い」型進路形成の功罪——高校改革の社会学 | 荒川葉 | 二八〇〇円 |
| 進路形成に対する「在り方生き方指導」の功罪——高校進路指導の社会学 | 望月由起 | 三六〇〇円 |
| 教育から職業へのトランジション——若者の就労と進路職業選択の社会学 | 山内乾史編著 | 二六〇〇円 |
| 教育と不平等の社会理論——再生産論をこえて | 小内透 | 三二〇〇円 |
| マナーと作法の社会学 | 加野芳正編著 | 二四〇〇円 |
| マナーと作法の人間学 | 矢野智司編著 | 二〇〇〇円 |
| 〈シリーズ 日本の教育を問いなおす〉拡大する社会格差に挑む教育 | 西村和雄・大森不二雄編 | 二四〇〇円 |
| 混迷する評価の時代 | 倉元直樹・木村拓也編 | 二四〇〇円 |
| 教育における評価とモラル——教育評価を根底から問う | 西村和雄・大森不二雄 倉元直樹・木村拓也編 | 二四〇〇円 |
| 《大転換期と教育社会構造::地域社会変革の学習社会論的考察》 | 戸瀬信之編 | |
| 第1巻 教育社会史——日本とイタリアと | 小林甫 | 二四〇〇円 |
| 第2巻 現代的教養Ⅰ——生涯者生涯学習の地域的展開 | 小林甫 | 七八〇〇円 |
| 第3巻 現代的教養Ⅱ——技術者生涯学習の生成と展望 | 小林甫 | 六八〇〇円 |
| 第4巻 学習力変革——社会構築地域自治と | 小林甫 | 六八〇〇円 |
| 社会共生力——東アジアと成人学習 | 小林甫 | 近刊 |

〒113-0023　東京都文京区向丘1-20-6　TEL 03-3818-5521　FAX03-3818-5514　振替 00110-6-37828
Email tk203444@fsinet.or.jp　URL:http://www.toshindo-pub.com/

※定価：表示価格（本体）+税